国学经典

李楠／主编

重温儒家经典 让《论语》指导现实人生

《论语》全解

辽海出版社

【第五卷】

《论语》全解编委会

前　言

在我国东周时期，周王室东迁后日益衰微，逐渐丧失了宗主地位，各个诸侯为了争夺霸主地位，开始了长期的兼并战争。

在这期间，鲁国的孔子面对"礼崩乐坏"的社会现实，痛心疾首。为了建立一种新的秩序和规则，他决心恢复周公建立的礼乐制度，提出"克己复礼"的主张，并用"仁"对"礼"进行改造，提出并完善了"仁学"理论。

孔子认为，"仁"就是"爱人"，就是对人要尊重、关心和体谅。"仁"既是每个人必备的修养，又是治国平天下必须遵循的原则。

孔子把孝悌看成"仁"的根本，他把"仁"运用到政治领域，就是重视人民，关心百姓的疾苦，就是"德治"。为了实践"仁"，孔子十分重视"礼"，主张克制自己，使自己的言论行为都符合礼的要求。

有一天，孔子的学生子贡向孔子请教："老师，什么是仁？如何做到仁？"

孔子回答："克制自己，恢复周礼，就是仁；以周礼为标准，时时处处严格要求自己，使自己的言行符合周礼，就是做到仁了！"

为了实现自己的这一政治主张，孔子经过了长达15年在各诸侯国的游说。然而，由于当时各诸侯国都忙于争霸，并没有谁采纳他以"仁"治国的政治主张。

颠沛流离十几年后，年近 70 岁的孔子在并未实现自己政治主张的情况下，回到鲁国，专事讲学和历史文献的整理，并把自己的政治主张和思想抱负倾注于笔端，成为我国历史上私学的开山鼻祖，开创了影响我国知识分子 2000 多年的儒家学派。

孔子一生从事教育事业达 40 多年之久，门生众多。据史料记载孔子弟子有 3000 人，其中才华出众、品德优良者 72 人。

孔子去世后，他的主要弟子及其再传弟子将孔子的言行整理成书，书名叫《论语》，内容包括孔子谈话、孔子答弟子问、弟子之间的相互讨论以及弟子对孔子的回忆等，集中体现了孔子的政治主张、论理思想、道德观念及教育原则等。

《论语》作为一部涉及人类生活诸多方面的儒家经典著作，许多篇章谈到做人的问题。

孔子认为，一个人要正直，只有正直才能光明磊落，只有心中坦荡，做事才没有担忧。

做人要重视"仁德"，这是孔子在做人问题上强调最多的问题之一。在孔子看来，仁德是做人的根本，是处于第一位的。孔子还认为，只有仁德的人才能无私地对待别人，才能得到人们的称颂。

孔子提出仁德的标准，这就是刚强、果断、质朴、语言谦虚的人接近于仁德。同时他还提出实践仁德的 5 项标准，即："恭、宽、信、敏、惠"，即恭谨、宽厚、信实、勤敏、慈惠。他说，对人恭谨就不会招致侮辱，待人宽厚就会得到大家拥护，交往信实别人就会信任，做事勤敏就会取得成功，给人慈惠就能够很好使唤民众。孔子说能实行这五种美德者，就可算是仁了。

孔子强调做人还要重视全面发展。他说："志于道，据于德，依于仁，游于艺。"意思是说，志向在于道，根据在于德，凭借在于仁，活动在于"六艺"，即礼、乐、射、御、书、数。只有这样，才能真正地做人。

《论语》成书于战国初期，自古以来就是我国首选的启蒙读物，是我们中华民族古往今来的"同一本书"，共同的话题，共同的语言，共同的思维之道和共同的价值观。

《论语》作为一部涉及生活诸多方面的儒家经典著作，语言简洁精炼，含义深刻，具有深刻的内涵，对我们广大读者具有极大的借鉴意义。

《论语》是研究孔子思想的主要资料。一部《论语》，将孔子及其门生有限生命融到无尽的历史中，创造了我国古代光辉的人文主义精神，被后人誉为"天不生仲尼，如万古长夜"，"半部《论语》治天下"。

《论语》作为国学经典，是我们中华民族五千年的文化精髓，其中蕴涵着丰富而深刻的人生智慧和处世哲理，是经过千百年的历史洗礼和多少代人实践检验过的，是我们广大读者学习的必备精神食粮。我们广大读者阅读《论语》，能够秉承仁义精神，学会谦和待人、谨慎待己、勤学好问等优良品行，使我们成为内外兼修的未来精英。

我们广大读者阅读《论语》，就如同师从贤哲。阅读圣贤之书，与圣贤为伍，是我们精神获得高尚和超越的最高境界。

在如今社会处于转型的时期，充斥着各种各样所谓的现代文化，良莠不齐，纷繁杂芜，作为我们广大读者，应该慎重从文化杂烩中精挑细选最好的、最纯的、最精的文化知识进行学习，以便促进我们健康发展，那么《论语》就是我们最佳的选择。

作为国学经典的《论语》，并非陈旧过时，可以说能够适应任何时代的需要，且不同的时代都可以进行新的解读，都有时代的新意。我们要古为今用，活学活用，在新的时代推陈出新，进行新的解读，赋予新的内涵，不断发扬新的精神。

为此，我们特别编撰了这套《论语》读本，主要是根据广大读者学习吸收的特点，在忠实原著基础上，除了配备原文外，还增设了简单明白的注释和白话新解，同时还配有相应启迪故事和精美图片等，图文并茂，生动形象，非常易于阅读和理解，是广大读者学习《论语》的最佳读物，相信大家从中会获得新的感受和新的意蕴。

前 言

目 录

善为我辞

季康子^①问："仲由可使从政也与？"子曰："由也果，于从政乎何有？"曰："赐也可使从政也与？"曰："赐也达，于从政乎何有？"

曰："求也可使从政也与？"曰："求也艺，于从政乎何有？"

季氏使闵子骞^②为费^③宰，闵子骞曰："善为我辞焉！如有复我者，则吾必在汶上矣。"

【注释】

①季康子：春秋时期鲁国的正卿。

②闵子骞：姓闵名损，字子骞，鲁国人，孔子的学生。

③费：季氏的封邑，在今山东费县西北一带。

【解释】

季康子问孔子："仲由这个人，可以让他管理国家政事吗？"孔子说："仲由做事果断，对于管理国家政事有什么困难呢？"

季康子又问："端木赐这个人，可以让他管理国家政事吗？"孔子说："端木赐通达事理，对于管理政事有什么困难呢？"

又问："冉求这个人，可以让他管理国家政事吗？"孔子说："冉求有才能，对于管理国家政事有什么困难呢？"

季氏派人请闵子骞去做费邑的长官，闵子骞说："请你好好替我推辞吧！如果再来召我，那我一定跑到汶水那边去了。"

【故事】

辅助两代周王的周公

周公，姓姬名旦，又称周公旦，也称叔旦，谥"文公"。他是周代周文王的儿子，是西周初期杰出的政治家、军事家和思想家。他曾先后辅助周武王灭商、周成王治国。他制定和完善宗法、分封等各种制度，使西周奴隶制获得进一步的巩固。

周公是我国古代史上一位伟大的政治家，同时又是我国古代教育开创时期的杰出代表，他对我国古代教育的发展曾经起过巨大的作用。

周公自幼为人诚实忠厚，孝敬父母，多才多艺。在周文王之时，周族在岐山附近已经获得了很大发展。周文王去世后，周武王继承父位，继续进行消灭商汤的事业。

周族与商朝军队经过"牧野之战"，最终推翻了商朝的统治。周武王褒封了一些功臣，使天下逐渐得以稳固。

在周武王灭商的过程中和灭商之后，周公一直是周武王的得力助手。由于他过度劳累，周武王在消灭商朝后的第二年便生了病。

有一次，周武王忧虑天下尚未安定，结果一夜没有睡。周公得知后，急忙赶到周武王那里。周武王觉得自己已经不久于人世了，便托付后事，将一些想法告诉了周公。

周朝当时还未完成统一，周武王想让自己的子嗣完成统一大业，但是他的儿子姬诵还很年少，不能担负起这个重任。所以在两人交谈时，周武王希望让周公在自己去世后继承王位。

周公听说要让自己继承王位，他非常惊恐，就哭着作揖，既感激又害怕，连忙说自己不能这么做。

周公认为，周朝刚创下基业，政局还不稳定，姬诵年幼无知，还没有治理国家能力，如果想要巩固新生的政权，就需要经验丰富的君主。所以周公只想暂时代替姬诵打理国事，等姬诵长大再主动交出权位。

善为我铎

就这样，周武王的儿子姬诵被立为太子，由周公负责培养和教育。在周武王去世的当年秋天，周公为年仅13岁的姬诵举行了加冠礼，以示姬诵已经长大成人，让他登基，被称为周成王。

此时周公领导百官，担负起了安定天下和巩固周朝统治的重任。周公辅佐周成王，处理政事，这在当时这种混乱的局势下，对于稳定人心有着极为重要的意义。

然而，尽管周公兢兢业业地辅佐周成王，却有人怀疑周公的动机不纯。周公的弟弟管叔和蔡叔等人制造谣言，说周公将对成王不利。

时隔不久，管叔和蔡叔与商纣王的儿子武庚勾结起来发动叛乱，阴谋夺取政权。周成王便命周公率兵镇压叛乱。周公领兵很快就讨伐平定了管叔、蔡叔和武庚发动的反叛。

周成王迁都洛邑后，周公就召集天下诸侯举行盛大的庆典，在这里正式册封天下诸侯，并且宣布各种典章制度，也就是著名的"制礼作乐"。

为了巩固周朝的统治，周公先后发布了各种文告，从其中可以看出周公全面总结了夏朝和商朝的统治经验，才详细制定了适合周朝的各种政策。周公曾先后发布了《康诰》《酒诰》《梓材》文告。

《康诰》的目的是安定原商朝的人民，其内容主要是"明德慎罚"。周文王因为"明德慎罚，不敢侮鳏寡"才有了天下。

"明德"的具体内容之一就是"保殷民"。"慎罚"就是依法行事，这其中还包括商朝法制的合理成分。

《康诰》规定，刑罚不可滥用，有的案情要考虑五六天，或者10多天才能够判定。至于杀人越货或"不孝不友"的要"刑兹无赦"。

文告中反复强调"康民""保民""裕民"和"庶民"等。文告反复告诫为官者要勤勉从事，不可贪图安逸。并说"天命"不是固定不变的，能"明德慎罚"才有天命。

还说"明德慎罚"也不是一切照旧，而是参酌商法，推行周法，使原商朝的人"做新民"。

《酒诰》是针对原商朝人们饮酒成风而发布的。酿酒要用去大量粮食，这种饮酒风习在以农业为主的周朝看来简直无法容忍。

周公并非完全禁酒，他规定在有祭祀庆典的时候还是可以喝一点的。但是群饮是不行的，不可放过，要全部捉来"以归于周"，或"予其杀"。

"予其杀"是将要被杀，但是未必杀；"归于周"是指不要给原商朝人们有滥杀的印象。这其实同"保民"或"安民"是一致的。

文告强调要引导原商朝人民去多种庄稼，也可以从事养殖或经商。

《梓材》规定人们之间不要相互残害或相互虐待，要关爱鳏寡孤独，社会自然就会出现安定的局面。这种局面的形成不是轻易可以得到的，要像农民那样勤除草和勤整地，贵在坚持。总之，勤用明德和保民，才能"万年为王"。

三篇文告贯穿一个基本思想，那就是安定原商朝的人民，不给他们滥杀或虐待的形象。同时反复强调处罚要慎重，要依法从事。至于改造酗酒陋习，也要求一是限制；二是引导；三是区别对待。

为了周王朝的长治久安，周公还制定了礼乐制度。主要有"畿服"制、"爵谥"制、"法"制、"嫡长子继承"制和"乐"制等。其中最重要的是嫡长子继承制和贵贱等级制等。

在商朝的时候，君位的继承多半是兄终弟及，传位很不固定。周公确立的嫡长子继承制，就是以血缘为纽带，规定周天子的王位由长子继承。同时把其他庶子分封为诸侯卿大夫。他们与天子的关系是地方与中央、小宗与大宗的关系。

周公还制定了一系列严格的君臣、父子、兄弟、亲疏、尊卑、贵贱的礼仪制度，以调整中央和地方、王侯与臣民的关系，以加强中央政权的统治，这就是著名的"礼乐制度"。

周公制礼作乐具有十分重大的意义，它标志着周朝的统治完全走向了正轨，而且对周朝社会的稳定和繁荣起到了重要的作用。

周公的"敬天保民""明德慎罚"和"勤政尚贤"等思想，成了后来儒家思想的直接来源，影响了我国几千年的社会制度。

周公辅政 7 年后，周王朝的统治已经稳固下来。此时，周成王已经长大成人，完全可以独立处理政务了。周公担心成王年轻气盛，治国时难免犯错误，于是写文章以劝谏成王。

后来，周公在恰当的时候还政于成王了。周成王继位第七年，也就是周公归政之年的岁末，周成王在洛邑举行了分封周公后代的仪式，将周公的儿子伯禽封到泰山旁边，建立了鲁国，周公也就成了鲁国的开国君主。

周公归政成王后，依然极受尊敬，周成王经常去泰山看望周公。

周公大约 60 岁时在封地去世。在周公病危时，他希望自己死后葬在周朝的都城，以表示不愿离开成王。周公去世后，周成王很伤心，特许鲁国在祭祀周公时演奏周朝的"天子礼乐"，以示对周公的最大尊敬。

周公不仅敬德保民、制礼作乐、建立典章制度，此外对《易经》创作也有巨大贡献。他还受后来春秋时期著名思想家孔子的推崇，被儒家尊为圣人。周公思想对后来儒家的形成起到了奠基的作用，后世儒家将周公与孔子并称。

子罕拒宝品德高尚

春秋时，宋国有个小官叫乐喜，字子罕，他一向坚守道义，廉洁奉公，深受当地百姓的爱戴。

有一天，一个衣着朴素的人从怀中掏出一块璞玉，放在子罕面前说："大人为官清正，百姓受惠多多。小人在山上采石，发现这块璞玉，玉石工说它是价值千金的宝贝，所以献给您，以表敬意。"

子罕婉言谢道："我不需要它，你得之不易还是带回去吧！"说完把璞玉推到那人面前。

子罕接着说："我一向把不贪当做宝物，你把玉石当做宝物，如果把它给了我，岂不是你我都丢掉了自己的宝物吗？"

献玉人见子罕有如此高尚的品德，他深深地施了一个礼，说出了自己献玉的原因："小人是个普通百姓，偶然得到了这样的宝玉，如放在家中，反会遭强盗杀害，因此把它献给大人，望大人收下！"

子罕明白了那人的苦衷，就让玉石工把玉拿去打磨，然后把这块玉卖了一大笔钱。

子罕把钱全部给了献玉人，并且告诉他乡里的里正会保证他的安全。

献玉人看到子罕替自己考虑得如此周到，感动得热泪盈眶，连连叩头致谢，拿着钱回家去了。

孝庄文皇后公而忘私

在古代社会里，有许多身居高位、品德高尚的皇太后。清代的孝庄文皇后，就是其中的一位。孝庄文皇后，姓博尔济吉特氏，名叫布木布泰，也叫本布泰，是蒙古科尔沁部贝勒寨桑的次女。

孝庄13岁时嫁给努尔哈赤第八子皇太极为妻，后来皇太极在沈阳突然病故，她痛不欲生，想以身相殉。由于诸王贝勒以子女年幼，需要抚育教养为由多方劝阻而止。

皇太极生前没有立继承人，他去世后，诸兄弟为了皇位相争为乱，睿亲王多尔衮和皇太极长子肃亲王豪格之间的相争尤为激烈。

为了避免相争给国家和人民带来灾难，布木布泰最后采取折中的方案，由皇太极第九子、时年6岁的福临继位，即顺治皇帝，由多尔衮和济尔哈朗辅政。

顺治继位后，尊布木布泰为皇太后。而此时的多尔衮，其夺取皇位的野心并未消失，相反随着权势的不断扩大和加强，其当皇帝的欲望越加强烈，从而给顺治的皇位带来了越来越大的威胁。

皇太后为了维护顺治的皇位，处处以国家利益为重，一心为公，甚至付出了自己一生幸福的代价。她按着当时满族父死则妻其后母，兄死则妻其嫂的习俗，下嫁给多尔衮。以此来笼络和控制多尔衮，巩固福临的地位。

为了顺治帝位的稳定，皇太后百般笼络一批有实力的汉族上层势力，设法使已归顺清王朝的孔有德、吴三桂、耿精忠等效忠大清，为他们封王晋爵。

她还将平南王孔有德的女儿孔四贞，召到宫中施以教育，并招为义女，以郡主视之。又把皇太极的女儿和硕公主嫁给平西王吴三桂之子吴应熊，以联姻结亲手段进行拉拢控制。

由于清代初期的长期战乱，社会生产遭到严重破坏，大量灾民流离失所，社会极不安定。为此，皇太后在宫中一再提倡节俭，并多次将宫中节余银钱赈济灾民。这既有利于缓和社会矛盾，维护社会安定，也有利于稳固顺治的皇帝地位。她所倡导的节俭家风，影响了后来的康熙、雍正两朝。

顺治去世后，由其子玄烨继位，这就是康熙帝，他尊皇太后布木布泰为太皇太后。由于布木布泰是清太宗皇太极的妃子，谥号"孝庄"，又因她的儿子和孙子都做了皇帝，故史称"孝庄文皇后"。

善为我辞

孝庄文皇后全力辅佐康熙帝玄烨主政。康熙皇帝10岁丧母由她教养，她们祖孙两人之间感情十分深厚。康熙继位后，几乎每天上朝之前或下朝之后，都要到孝庄文皇后那里去问安。

康熙执政之初，4位辅政大臣鳌拜、苏克萨哈、遏必隆、索尼矛盾重重，各有野心。孝庄文皇后对他们分化、利用，最终擒了称雄一时的鳌拜，巩固了皇权。

此后没多久，"三藩"开始作乱。孝庄文皇后不但支持康熙力排众议，撤三藩，平吴三桂、耿精忠、尚之信，而且多次拿自己的份银犒赏出征的将士，深得人心。

在蒙古察哈尔部布尔尼起兵反清的紧急时刻，孝庄文皇后果断推荐已被免职的大学士图海为将，从而平定了北方，稳定了大局。

孝庄文皇后一心为公的高尚品德，对她的子孙和身边的大臣影响极深，从而也博得了子孙和大臣对她的尊敬和爱戴。康熙亲政后数年，凡重大事件，都请示孝庄文皇后而后才施行。

康熙帝非常尊重孝庄文皇后，他常说："趋承祖母膝下 30 余年，鞠养教诲，以致有成。""若无祖母太皇太后，断不能有今日成立。"这个评价之高，无人能及。

1687 年底，孝庄太皇太后离世，享年 75 岁。

这位为大清王朝披肝沥胆的巾帼至尊，去世后并未按惯例全国举哀。康熙遵照她生前的遗嘱，把灵柩暂时停放在河北遵化的"暂安殿"内，一停就是 40 年。直至雍正一朝，才正式安葬在东陵地宫。因地宫在沈阳清太宗皇太极的昭陵之西，故有"昭西陵"之称。

孝庄文皇后是从内蒙古科尔沁草原走出，在清代皇宫长达 60 多年，为清王朝奉献一生的蒙古族女政治家。她历经四帝，躬助三朝，两扶幼主，对调和清宫内部矛盾和斗争，稳定清初社会秩序，促进国家的统一做出了重大贡献，被誉为"大清国母"。

孝庄文皇后以天下为公，不计私利，处处为国家利益着想的精神，是值得后人学习的。

王鼎一心为民排忧解难

清代克己奉公的典范人物，除了孝庄文皇后，还有一个叫王鼎的人。他一生一心为公，忧国忧民，为民解困，做了不少好事。

王鼎是清代陕西蒲城人。历任翰林院庶吉士、侍读学士、礼部户部吏部等部侍郎、户部尚书、河南巡抚、直隶总督、军机大臣、东阁大学士等职。

王鼎为整饬吏治，刚正不阿，不徇私情。他在刑部任职，先后深入九省，审理过30余起重大疑案，使贪赃枉法者均被惩处，冤假错案得以平反。即使封疆大吏直接插手，相互勾结的人为错案，也照查不误。

浙江德清徐仇氏与前房儿子通奸，为灭口杀死儿媳徐蔡氏一案即为典型。仇氏奸刁，买通各级官吏、仵作狱吏，造成各级官员互相包庇，虽3次开棺验尸，皆无结果，直拖延3年之久不能结案。

王鼎复审此案，经过艰苦访查，弄清了受贿网，涉及巡抚一人、知府4人、同知两人、知县4人以及许多县吏、仵作等，案情真相大白于天下，"浙人颂为神明"。他铲除时弊，执法如山，显示了铮铮铁骨。

王鼎本人从不依人上爬，堪为自律表率。同乡同族王杰时任宰相，他从未让王杰助己升迁。

王鼎要求子女族人甚严。他的儿子回陕西参加考试，他唯恐利用权势不法行事，叮嘱儿子考前不许"见客""见长官"。跟随家人"勿上街"，力杜嫌疑，以正自身，要凭真才实学考取功名。

王鼎关心国计民生，理财有方，被誉为嘉庆、道光时期的理财能手。

1827年，新疆张格尔在英国殖民主义支持下，发动叛乱，攻城略地，割据一方。清代朝廷发兵讨伐。王鼎均衡度支，保证了军需，卓有贡献。平叛后得到赏戴花翎，绘像紫光阁的殊荣。

王鼎在整顿天津长芦盐务，两淮盐政上，采取一系列有效措施，促进了盐商经营，扭转了盐课拖久危局，保证了朝廷财政收入。

王鼎对教育、社会公益异常关心。他一生视学江西，主持乡试、会试多次，所得多奇杰士。任江西学政，常入基层督查，垂刻《朱子小学近思录》、《六事箴言》等，充实教学内容。他还曾为蒲城尧山书院捐款，以供经费。他为倡办义仓、义田，对地方多有捐助，诚心感人。

王鼎克己奉公，怜恤民苦。在治黄工程中，以 74 岁高龄，亲临工地指挥。在当时，黄河从河南开封附近的祥符决口，祸水横流，奔腾不羁。一些昏庸的官吏，置人民死活而不顾，主张迁省城以避水祸。

王鼎听说以后，非常气愤。他慷慨陈词，力排众议，并积极采取措施，保守危城。此时，开封城下，四面皆水，危在旦夕。74 岁的王鼎抖擞精神，亲率官吏，日夜巡护城池。

堵河工程开始后，王鼎又不畏艰辛，驻扎在工地，和民役一道露饮星宿。他晚上操劳，经常通宵达旦，白天疲倦时，就躺在轿子中休息片刻。治河 6 个月之久，多次返回省城可是没有在行馆就寝。在王鼎的督察指挥下，黄河堵河工程终于按期竣工，终保危城开封无恙。

鸦片战争爆发时，抗战派报国无门，投降派畏缩不前。王鼎对此目不忍睹，气愤至极，在道光皇帝面前怒斥穆彰阿等卖国行为，并建议道光皇帝起用林则徐禁烟。

由于道光皇帝没有及时采取对策，王鼎报国无门，积愤难消，决心以死打动道光皇帝。他关门自草遗疏，再度苦谏道光皇帝起用林则徐抗敌保国，谴责穆彰阿误国害民。遗书疾呼：

条约不可轻许，恶例不可轻开，穆不可任，林不可弃也！

王鼎书毕，置遗疏于夹衣衫中，怀着满腔悲愤，在圆明园寓邸中自缢尸谏。王鼎去世后，林则徐在戍途中惊悉噩耗，痛失知音，写下"伤心知己千行泪，洒向平沙大漠风"的诗句。

王鼎的去世，也激起了陕西蒲城的绅士、乡亲们的崇敬之情，人们报陕西巡抚奏请道光皇帝，将他埋在故里。时至今日，蒲城的人们还在相传颂着王鼎一心为公的事迹。

左宗棠为国身先士卒

清代克己奉公的典范不能不提到左宗棠。他在带兵征战中，身为军中将帅，事事严于律己，身先士卒，与士兵同甘共苦，就是儒家爱国爱民思想的体现，应该受到后人的称颂。

左宗棠是清代时湖南湘阴人，曾任闽浙、陕甘总督和协办大学士、军机大臣等职。他的一生中，大半生是在戎马倥偬中度过的。

左宗棠出身于农家，平日过惯了寒素生活。做官时，他常亲自灌园种菜，不喜玉食，治军时，常到军中走动，与士兵一起劳作。

有一次，左宗棠督师到甘肃安定县。兰州道台蒋凝学见他已是61岁高龄，就劝他迁住省城兰州总督府居住。然而他却想到正在前线浴血奋战的广大官兵比他更为艰苦，硬是谢绝了其部属的一番好意，坚持与士兵同甘共苦，住进军中帐篷。

左宗棠不仅自己身先士卒，与将士同享甘苦，而且平时还不断要求他的部将，要他们爱兵犹如爱子，告诫他们带兵时要有如带子弟的心肠那样去带他们。

左宗棠在亲自制订的《禁军管制》中，专门写了体恤兵勇的条文。每当在打仗时，因奋勇而阵亡，或伤重而身故的兵丁，家境贫寒者，他除了要求官府给予抚恤外，他自己还掏腰包，补贴他们的遗属，以示慰问。

1875 年，清政府任命左宗棠为钦差大臣，前往新疆督办抗击沙俄的军务。在挥师西征途中，一路上他只住营帐，从不住公馆。

他常穿着一身布衣长袍，守着一张白木板桌办公。在恶劣的气候条件下，帐外或沙土飞扬，或雨雪交加，他仍是伏在灰暗的灯烛下，不辞辛劳地处理繁重的军务。实在劳累极了，就踱出帐外，和军士闲聊，丝毫不摆长官的架子。

左宗棠坐镇于酒泉，运筹于帷幄，繁重的军务终于累得他病倒了。但是，为了早日从沙俄手中收复新疆失地，实现他的"与西事相始终"的誓言，他不顾自己"衰病日臻"的病体，继续率军西征。

左宗棠带领的军队在向哈密行进的途中，正遇上漫天风沙，冰雪交加的恶劣天气。沿途地方官吏，为照顾左宗棠的病体，多次力劝他住进公馆，左宗棠都执意不从，依旧是住在营帐之中，坚持着和将士们在一起。

左宗棠认为，此去一遭，恐怕已不能"生入玉门关"了。为了向全军将士表示誓与沙

俄侵略军决一死战的决心，在行军中，他还特意命令其部属抬着棺材随军前进，随时准备为国捐躯。

手下人自然有疑，左宗棠便借此说出了一句掷地有声的话：

> 丈夫身临战阵，有进无退，死到沙场，便是终考。况吾后事具备，不犹胜于马革裹尸乎！

左宗棠这件事情，体现的是一个中国人印在骨子里的魂：想抢占中国人的土地，我们和你拿命拼。左宗棠的这个举动，不只在明志，还在鼓励军心，他都这把年纪了，尚且还要拼死收复国土，将士们怎么敢不用命。

左宗棠的这种誓不生还、效命疆场的悲壮之举，极大地激励和鼓舞了将士们讨伐侵略者的决心。

因此，在出征和追剿阿古柏匪帮的战斗中，全军上下万众一心，奋勇杀敌。

左宗棠在历史上是受数千年儒家思想润泽的一代豪杰，他毕生致力于增进对儒学的理解，他无私奉献的对象是忠君爱国的理念。他生活在一个充满危机的时代，能够在儒家学说的鼓舞和指导下，与士兵同甘共苦。

一箪食，一瓢饮

伯牛①有疾，子问之，自牖②执其手，曰："亡之③，命矣夫④！斯人也而有斯疾也！斯人也而有斯疾也！"

子曰："贤哉回也！一箪⑤食、一瓢饮，在陋巷，人不堪⑥其忧，回也不改其乐。贤哉，回也！"

【注释】

①伯牛：姓冉名耕，字伯牛，鲁国人，孔子的学生。孔子认为他的"德行"较好。

②牖：yǒu，窗户。

③亡之：作死亡解。

④夫：语气词，相当于"吧"。

⑤箪：古代盛饭的圆形竹器。

⑥不堪：不可以忍受。

【解释】

伯牛病了，孔子前去探望他，从窗户外面握着他的手说："活不久了，这是命里注定的吧！这样的人竟会得这样的病啊，这样的人竟会得这样的病啊！"

孔子说："颜回的品质是多么高尚啊！一箪饭食，一瓢水，住在简陋的小巷子中，别人忍受不了那穷困的忧愁，而他却不改变他自己乐观的态度。颜回的品质是多么高尚啊！"

【故事】

统军治国能手姜子牙

姜子牙（前1156年～前1017年），也称吕尚、姜尚，名望，字子牙或牙。他先后辅佐了六位周王，因是齐国始祖而称"太公望"，俗称姜太公。他生于商周时期东海海滨，即今安徽省临泉县一带。

姜子牙是一位满腹韬略的贤臣和非凡的政治家、军事家，一直受历代统治者崇尚。是我国商周时期政治家、军事家和谋略家。他的统军和治国方面的才能，被千古传颂。

在商朝末年，在商都朝歌的西面兴起了一个名叫周的强国。周的历史悠久，据说他们的远祖后稷在尧的时候是担任农师，以后世世代代承袭这个职务，管理农业方面的事情。周族领袖姬昌继位，就是有名的周文王。

因为祖先做过农师，周文王也十分重视农业。他待人宽厚，所以老百姓都很拥护他。周文王特别敬重有本领的人，请他们帮助治理国家，许多人纷纷来投奔他，因此他手下文臣武将众多。

姜子牙就是周文王请来的最有才能的人。

商纣王看到周的势力越来越强，十分害怕，就找个理由把周文王找来，囚禁在羑里。

周文王的臣子为了搭救周文王，搜罗了美女、宝马和珍宝献给商纣王，并买通商朝的大臣，请他在商纣王面前求情。

商纣王很是贪财，又喜欢美女。他得了礼物，听了大臣的话，把周文王释放了。

周文王获得自由以后，决心治理好自己的国家，以便寻找机会，报仇雪耻。他看到自己手下虽然有了不少文臣武将，可是还缺少一个文武双全且谋略超众的人，以帮他筹划灭商大计。

因此他常留心寻访这样的大贤人。

一天，周文王来到渭水边，他看到一位须发斑白的

一箪食，一瓢饮

七八十岁的老人，坐在在水边钓鱼。老人钓鱼的鱼钩离水面有三四尺高，并且是直的，上面也没有钓饵。周文王看了很纳闷，就过去和老人攀谈起来。

经过交谈周文王才知道，这老人姓姜，名尚，又名子牙，是远古时代炎帝的后代。到渭水边上来钓鱼，目的就是在等待贤明的君主来寻访。

周文王和姜尚经过一番交谈，发现姜尚是一个谈吐不凡、有雄才大略的人。他上通天文，下知地理，对政治、军事各方面都很有研究，特别是对于当时的形势，分析得头头是道。

他认为商朝的天下不会很长久了，应当由贤明的领袖来推翻它，建立一个新的朝廷，让老百姓能过上舒服的日子。

姜尚的话句句都说到了周文王心里，周文王终于找到了姜尚这样的治国

能手。

周文王虔诚地对姜尚说："请您帮助我们治理国家吧！"

说完，就叫手下人架车过来，邀请姜尚和自己一同上车，回到都城里去。

姜尚到了周文王那里，就被拜为太师，总管全国政治和军事。

姜太公果然不负厚望，他做了周文王的国相，帮助周文王整顿政治和军事。他对内发展生产，使人民安居乐业；对外征服各部族，开拓疆土，简直削弱商朝的力量。

周文王在姜尚的辅佐下，先后打败了犬戎、密须等部族及一些小国家，吞并了从属于商朝的崇国，在崇国的地盘上营建了一个丰城，把都城迁到了丰城。

周文王晚年的时候，周的疆土面积扩充了不少。当时周朝的疆域东北拓展到现在山西的黎城附近，东边到现在河南沁阳一带，靠近商朝的都城朝歌，南边到了长江、汉水、汝水流域。

据说周文王已经控制了当时天下的三分之二，为灭商奠定了可靠的基础。

周文王病逝以后，他的儿子姬发即位，这就是周武王。姜太公帮助周武王建立了周朝，成为有名的军事家和治国贤臣。

前1043年，商王朝统治集团核心发生内讧，良臣比干被杀，箕子被囚为奴，微子启惧祸出逃，太师疵、少师强投降周武王。

周武王问姜子牙现在是否可伐商朝，姜子牙支持现在伐纣。

于是，周武王决意举兵，并以"吊民伐罪"为号召，联合诸侯各国部队，以战车4000乘陈师牧野，与商纣王的17万大军展开决战。

周武王在牧野举行了庄严的誓师大会，这便是历史上有名的"牧誓"，誓词历数商纣王听信宠姬谗言，招诱四方罪人和逃亡奴隶，暴虐地残害百姓等罪行，说明伐纣的目的乃代天行罚，宣布战法和纪律要求，激励战士勇猛果敢作战。

周武王以姜子牙为主帅，统领兵车300乘，猛士3000名，甲士4.5万人，向商军发起挑战。

姜子牙首先以兵车、猛士从正面展开突击，尔后以甲士展开猛烈冲杀，一举打乱了商军的阵势。纣师虽众，一看阵脚被打乱，顿时斗志皆无。这时，商军前面的士卒调转枪头指向商军，给姜子牙开路。

周武王见此情景，指挥全军奋勇冲杀，结果，商纣王的10多万大军，当天就土崩瓦解。商纣王见大势已去，在鹿台投火自焚，至此，商王朝宣告灭亡。

周朝建国之后，姜子牙因灭商有功，被封于齐，都城营丘。姜子牙在治理齐国时，强调立功做事，重用有功之人，大力发展经济。他顺应当地的习俗，简便周朝的繁文缛节，大力发展商业，让百姓享受鱼盐之利。

齐国的地理位置靠着沿海，但当时齐国人都是用鱼钩钓鱼，这样费时间，钓的鱼也少。姜子牙便教给他们用渔网打鱼，发展渔业。同时又教给他们晒盐、卖盐，从邻国换取所需要的粮食。此外，他还大力发展手工业、冶铁等。

当其他诸侯国还在费尽心思发展农业时，姜子牙却带领着齐国人从商。

经过一段时间的治理，姜子牙将齐国建设成为一个实力雄厚的商业国家，百姓富足，国家安定，出现百姓安居乐业的景象，使之成为后来的春秋五霸和战国七雄之一。

据说姜子牙活了100多岁。历代典籍都公认他的历史地位，儒、道、法、兵、纵横诸家都追他为本家人物。因此，姜子牙被尊为"百家宗师"。

孔子学生颜回好学

在孔子的众多弟子中，有个叫颜回的。颜回29岁时，头发就全部白了，后来又很早就去世。孔子非常悲痛，说道："自从我有了颜回这个弟子，我和学生们就更加亲近了。"

鲁哀公曾经问孔子："你的弟子中谁最好学？"孔子回答说："有个叫颜回的学生最喜欢学习，他从不对别人发脾气，不重复犯一个错误。不幸命短而死了，现在也就没了。我从此就再也没有听说有人喜欢读书了。"

一次，颜回问孔子："获得新知识的主要途径是什么？"孔子回答说："向老师学习，向书本学习，在交往、生活中自学等。"

颜回又问："还有别的途径吗？"孔子回答："温故而知新，也就是说，温习已经学习过的东西，可以由此获得新的认识和体会。我之所以提出'温故而知新'，是因为新知识的获得与原有的知识是有关系的，温习旧知识有助于获得新知识。"颜回高兴地说："弟子明白了，我一定按照老师的说法去做。"

朱元璋以礼求访人才

明代初期朝廷对百姓的礼仪教化倾注了极大的热情，这在朱元璋身上表现是十分突出的。作为一个开国皇帝，朱元璋从一开始就以礼对待人才，以利于社会的和谐和睦，使大明王朝立于更加稳固的基础之上。

明太祖朱元璋智谋超群，善于发现人才、使用人才和控制人才，这是他作为领袖人物的特殊本领，也是他建立基业的基础。

朱元璋在起兵之初非常注意搜集吸引人才，一再强调贤才是国家的宝贵财富，认为"贤才不备，不足以为治"。朱元璋军队所到之处都贴出招贤榜，声明"贤人君子，又相从立功者，吾礼用之"。

朱元璋率领义军打下徽州时，他手下的大将邓愈便向他推荐说："大帅您不是一向求访贤士吗？我听说，在徽州一带有一个非常有名的人，叫朱升，

他住在休宁这个地方。此人饱览经书，非常有才气。大帅何不访求他一次呢？"

朱元璋听后非常高兴，立刻就带着邓愈等人前去探访朱升。通过邓愈的带路，一行人很快就来到了朱升的住处。

朱元璋下马亲自去轻叩柴门，不久，一位老人走了出来。朱元璋马上抱拳恭敬地问道："请问，先生莫不是休宁名士朱升？"

老人打量了朱元璋一番，见他气度不凡，戎装佩剑，身边还有兵士，料定他可能是红巾军的将领，便回答道："老朽正是朱升，不知将军尊姓大名？"

邓愈在一旁说："这是攻克徽州的红巾军主帅朱元璋。"

朱元璋马上接道："我本来是个平民，可是当权者欺压百姓，这才举起义旗的。听说先生是有名的学士，今日特来拜访，并叩问大计。"

朱升听说站在前面的竟然是赫赫有名的朱元璋，不禁大为感动，连忙把朱元璋一行引进屋内。

通过从衣食住行、风土人情和国家大事的谈话中，朱元璋发现朱升谈吐不凡，对问题的分析入木三分，而朱升也觉得朱元璋平易近人，胸有大志，颇有将帅气度，不由得感到相见恨晚。

朱元璋问道："以朱老先生之见，当今天下之势，我该如何行事才好？"

通过谈话，朱升已经揣度出来，朱元璋有平定天下的雄心壮志，便沉思片刻答道："以老朽之见，大帅想成大业，要遵循三句话，这就是'高筑墙，广积粮，缓称王'。记此3条，元帅可成大业。"朱升的意思是说，第一要巩固后方扎好根基；第二要发展生产增强财力；第三要缩小目标等待时机。

朱元璋听了，连声赞谢说："先生立言警策，重如泰山！操练兵马，积蓄实力，奖励农耕，积有食粮，讳露锋芒，勿早树敌！先生见识宏远！"

朱元璋回去之后，把"高筑墙，广积粮，缓称王"这三句话作为建立基业的基本方略。他推行屯田，奖励垦荒、兴修水利，振兴农业；清丈土地，建"鱼鳞图册"，防止豪强兼并，建立起坚实的政治基础和经济实力，获得了民心民意。

后来朱元璋做了明王朝的开国皇帝，他不忘朱升的功劳，请他去朝中做臣。因为朱升年老，朱元璋还免去了朱升每天上朝的跪拜礼节，对他关怀备至。

朱元璋在登基之前，还听说浙江有刘基、宋濂、章溢、叶琛4位名士，于是，立时派人带着金银财礼和聘书去请。刘基等4人到建康后，朱元璋亲自赐座召见说"我为天下屈四先生"，十分谦恭诚挚。

朱元璋发现这4个人确实才识过人，当即重用：刘基留在身边谋划，宋濂任命为江西一带儒学提举司的提举，章溢、叶琛为营田司金事，4人各显所长，成为明代的开国元勋。

朱元璋广招人才，不但许多名士被招到身边，而且"由布衣登大僚者不可胜数"。因为他本人也是"崛起布衣"，搜罗人才很有成效，武有徐达、常遇春，文有胡惟庸、刘基、宋濂。

为了得到人才，朱元璋宽大为怀，盘算过元代内部的有用人才，千方百计收为己用，宣布"不以前过为过"的政策，大力招纳前朝人士，对为元代朝廷效过力的人概不追查，量才使用。

张昶在元代是重臣，精于典章制度，朱元璋招来任命为行中书省都事，他向人得意地说："元代送一大批贤人与我，你们可以和他们讨论。"

郭云是元代的武将，忠于元王朝，曾经力抗朱元璋。徐达率领军队扫荡中原时，其他州县望风瓦解，唯有郭云不降。徐达后来抓住郭云，郭云破口斥骂，但求一死。徐达把郭云押到南京，朱元璋赞扬郭云的骨气，立即放了他。

因为郭云是武将，朱元璋觉得让他马上反戈会伤他感情，便命他为溧水知县，不久即提升他为南阳卫之会金事，仍任武职。

秦从龙是元代江南行台侍御史，很有名声，战乱时弃官隐居镇江。朱元璋早留心此人，在徐达率军进攻镇江前就交代说："镇江有一个叫秦从龙的，才气老成，入城应该替我寻访他。"

徐达访到后，朱元璋立即派侄子朱文正带金子火速聘请，朱元璋亲自出门迎接，称呼先生而不称呼名字，表示了极大的尊敬。

杨士奇处世谦恭礼让

朱元璋以一代帝王至尊，以礼待人树立了典范。榜样的力量是无穷的。朱元璋的处世风格也深深地影响了明代的许多臣子。在这之中，杨士奇就是最为典型的一例。

杨士奇是明代时历任五代王朝的大臣。他没有经过科举考试取得功名，而是通过自学成才，由一个贫苦的寒儒做到了宰相一级。他寒士拜相与他早年的经历和谦恭礼让的处世风格密切相关。

杨士奇年幼时，家庭贫寒，父亲早逝，5岁时随母亲改嫁到罗家。他知道自己的家世后，常常潸然泪下，私下里用土砖作为神主，每日独自焚香跪拜，祭祀先祖。后来继父从户外窥见他的行动，很受感动，恢复他姓杨。

杨士奇9岁时，继父去世，便与母亲回到老家泰和。当时家庭生活虽然十分贫困，但杨士奇一边劳动，一边刻苦读书，勤勉奋进，立志成才。

幼年的杨士奇不懂得悲伤，也没有时间悲伤，因为他还要跟着母亲继续为了生存而奔走。上天还是公平的，他虽然没有给杨士奇幸福的童年，却给了他一个好母亲。

杨士奇的母亲是一个十分有远见的人，即使在四处漂流的时候，她也不忘记做一件事，就是教杨士奇读书。在那遍地烽火的岁月中，她丢弃了很多行李，但始终带着一本《大学》。杨母慈爱善良，知书达理，常常以他的家世和亲朋邻里的传统美德对其进行教育。

母亲的一言一行，杨士奇都一一记录，汇编成一本《慈训》。

杨士奇学习的时候，专心致志，旁若无人，同学逗他玩耍他毫无所动。放学回家的时候，常常挟书独行，思考问题。师长和亲友都称赞他的学习精神。

杨士奇的外祖父博学多才，看杨士奇是个有心计的孩子，十分器重，悉心培养，从严教导，使他小小年纪对《四书》《五经》《左氏传》等著作就能过目成诵，凡属对应句随手拈来。外祖父曾经把江西乡试的题目拿来考他，他对答如流。

有一次，杨士奇和表哥陈孟洁去往沙村拜访刘东方老师。时值冬天，大雪漫天，饮酒正酣，刘东方老师以《雪雾诗》为题，叫他俩赋诗言志。

陈孟洁的诗是："十年勤苦事鸡窗，有志青云白玉堂；会待香风杨柳陌，红楼争看绿衣郎。"

杨士奇的诗是：

　　飞雪初停酒未消，溪山深处踏琼瑶；

　　不嫌寒气侵入骨，贪看梅花过野桥。

老师批评陈孟洁的诗低俗，境界不高，十年寒窗，只博得"红楼争看绿衣郎"。而赞扬杨士奇的诗志趣高远，表现了在苦寒中锻炼成长的美好情怀。

在师友亲朋的勉励下，杨士奇更是发奋读书，学业大进。由于他学识渊博，品行和才干出类拔萃，15岁时就应乡里之聘，开馆授徒。此后，他客居武昌等地，游学教书，并著书立说，受到文人方士的赞誉和赏识，汉阳守令王叔英称他为"佐才也"。

杨士奇平日总是宽厚待人，清廉律己。16岁时，向他拜师求学的学生特别多。当时有一个贫穷的读书人，家有老母而无法奉养，但他没有别的谋生之道，家里还有老人要养，实在过不下去了。

杨士奇主动找到他，问他有没有读过"四书"，这个人虽然穷点，学问还是有的，便回答说读过。

杨士奇当即表示，自己可以把教的学生分一半给他，并将教书的报酬也分一半给他。

他的这位朋友十分感动，因为他知道，杨士奇也有母亲要养，家境也很贫穷，在如此的情况下，竟然还能这样仗义，实在太不简单。

少了一半收入的杨士奇回家将这件事情告诉了母亲，他本以为母亲会不

一箪食，一瓢饮

高兴，毕竟本来已经很穷困的家也实在经不起这样的折腾，但出乎他意料的是，母亲却十分高兴地对他说："你能够这样做，不枉我养育你成人啊！"

杨士奇 17 岁时，姑母全家患疫疾，亲戚邻居不敢接近，而杨士奇每日都去照料，洒扫庭除，煮汤熬药，精心护理，直至全家康复。

杨士奇 21 岁在章贡琴江书院教书时，与当地县令邵子镜友谊甚笃。有一个商人路过琴江，关吏搜到携带的伪钞，邵子镜怀疑是商人一手伪造，要对其施刑，商人不服。

杨士奇知道这事后，觉得证据不确凿，建议免刑，邵子镜采纳了他的建议。商人感谢不已，以 50 两银子相送，杨士奇拒不收受。

杨士奇进入官场后，更是对人待物豁达大度，以大局为重，不记私怨。同僚中谁有过错，常常为之掩盖。

明永乐帝继位后，杨士奇真正得到了重用，他与解缙等人一起被任命为明代首任内阁成员之一，自此之后，他成为朱棣的重臣。

当时的广东布政使徐奇把岭南的土特产送给朝廷各大臣，唯独杨士奇没有。永乐帝也为他抱不平，而杨士奇毫不介意，并为徐奇辩解："究竟接受了没有，我现在记不清楚，况且些许土产，定然没有其他的用意。"

自明惠帝以来，杨士奇担任少傅、大学士多年，他在政治、经济上的待遇都已是很可观了。明仁宗即位之后，让杨士奇兼任礼部尚书，不久改兼兵部尚书。

兵部尚书是掌管全国武官选用和兵籍、军械、军令等事务的大官。对此，杨士奇心中却很是不安，向明仁宗要求辞谢，他说："我现任少傅、大学士等职务，已是到了限度了，再任尚书一职，确实有点名不符实，更怕群臣要背后指责。"

明仁宗劝解说："黄淮、金幼孜等人都是身兼三职，并未受人指责。别人是不会指责你的，你就不要推辞了！"

杨士奇见君命难违不能再推，就诚心实意地请求辞掉兵部尚书俸薪。但他又说："兵部尚书的职务可以担任，工作也可以做，但丰厚俸薪不能再接受。"

明仁宗说："你在朝廷任职20余年，我因此特地奖赏你才给予你这种经济待遇的，你就不必推了。"

杨士奇再三解释说："尚书每日的俸薪可供养60名壮士，我现在已经获得两份俸薪都已觉得过分了，怎么能再加呢？"

这时，身旁的另一名大臣顺势插话劝解说："你应该辞掉大学士的那份最低的俸薪嘛！"

杨士奇说："要有心辞掉俸薪，就应该挑最丰厚的相辞，何必图虚名呢？"

明仁宗皇帝见他态度这样坚决，又确实出于真心，终于答应了他的请求。

杨士奇平生乐简静，闲暇时闭门读书。居官奉职甚谨，在家里绝不谈公事，朝廷的事就是至亲的人也不让他们知道。

杨士奇在京城为相几十年，妻子却在家乡躬勤家业，以耕作为务。妻子去世后，他十分悲痛，因公务在身未能回去亲自为亡妻举葬，只买一块石板刻上碑文寄回。他61岁时，明仁宗皇帝准备派人去他家乡盖造公宅，并要赐田200亩，杨士奇都婉言谢绝了。

在朝廷中，还有一位同杨士奇一样受到历代皇帝喜爱的大臣叫杨荣。杨荣处事果敢，驻守边防曾屡建功勋，对于守边的将领的才德也了如指掌。守边的将领们每年都选用好马馈送于他，当时已经即位的明宣宗对此也心中有数。

有一次，明宣宗故意向杨士奇问及杨荣的为人，杨士奇不假思索地直说："杨荣通晓守边军务，我不如他。他虽然接受一点边将的馈赠，这只是白玉之瑕，希望皇上不必介意。"

明宣宗说："杨荣曾经在背后数落你的缺点，你怎么反倒为他的过失辩解呢？"

杨士奇说："人人都有不足之处，看人要看正面，不能存有偏见。所以，我希望皇上要像容忍我的过失那样去宽容杨荣。"

明宣宗听后，频频点头，深感杨士奇胸怀之宽广。这件事，后来被杨荣知道了，他深受感动，对于杨士奇的坦荡为人更为敬佩。

宣德六年（1431年）七月十五晚上，明宣宗亲临杨士奇住所，看他的居室很破旧，说要为他修理，杨士奇也推辞掉了。随后，明宣宗把东华门外的一座庭院赐予他，他却分出一半与别人同住。

杨士奇之所以能历任明五代王朝的大臣，诀窍只有一个，那就是他为人谦恭礼让，不贪不占，该放弃的坚决放弃，这在封建官场中是难能可贵的。

柳敬亭谦恭尊师言

古代数千年来所教化倡导的礼仪之风，也在市井百姓中多有体现。比如明清时期的柳敬亭，尊师重师，把恩师之言当作自己行动的指南，足可见古朴世风的感化作用。

柳敬亭是明末清初的说书艺人，他原来叫曹永昌，家住江苏泰州曹家庄。由于他好打抱不平，得罪了地方上的恶势力，流浪到外乡。

有一天，他睡在一棵大柳树下，醒来后抓着拂在身上的垂柳枝条，联想到自己的不幸遭遇，就改为姓柳了。他又默然地背诵起南齐谢朓《游敬亭山》的诗，觉得"敬亭"两字可取，便以"敬亭"为名了。

有一次，柳敬亭流浪在江南水乡一个小镇上，看到茶馆酒楼上经常有人说书，便经常去听书，听了后便记在心里。加上自己从小读了不少历史小说，听了不少民间故事，所以也想靠说书来维持生活。

由于不知道说书的方法和技巧，也找不到合适的老师可以求教，柳敬亭只能自己摸索着瞎练一通，效果很不理想，为此也很苦恼。

柳敬亭在流浪过程中，偶然听到一位高水平的艺人说书，听后佩服得五体投地。这位说书艺人叫莫后光，柳敬亭诚恳地要求拜他为师。莫后光看到这个青年人诚实可爱，说书也有一定的基础，就举行了拜师礼，做了柳敬亭的师傅。

莫后光首先把说书艺术的基本原理和方法讲给柳敬亭，他说："说书虽然是一种小技艺，也同学习其他技艺一样，非下苦功夫不行。首先要熟悉各阶层的生活和各地的方言、风俗、习惯，然后把观察和收集到的材料，经过反复分析，找到它们的因果关系、发展过程。还要学会对掌握的材料加以剪裁取舍，能够把有用的材料组织得恰到好处。"

柳敬亭听了老师的教导后，牢牢地记在心头，决心按照老师要求去做。他白天到处游街串巷，仔细地观察社会上各种现象，对方言俚语特别注意。晚上回家以后，闭上眼睛细细琢磨白天看到的事情，并把它加工、提炼、融化到故事中去，并认真地记在纸上。

柳敬亭这样学习了几个月后，有些关键点还是不能很好地把握，便去找老师莫后光指点。莫后光让柳敬亭说了一段书后，然后指出："现在你虽然能讲出故事，但还没能引人入胜。重要的是时时刻刻要想到怎样把故事说得好，说得动听。"

接着，莫后光告诉柳敬亭说："有时，故事中的情节要从从容容直叙，一路走来，直达胜境；有时，要简洁明快开门见山，一目了然；有时，要增加一些伏笔或悬念，让听众想听个究竟，舍不得离去。总起来，在故事的轻重缓急之间，安排得贴切妥当，件件事交代要有头有尾，扣人心弦。"

柳敬亭听了以后，继续苦心钻研。他经常深入到人们中去和各种人交朋友。在交往中他发现，有许多上了年纪的人说起话来很吸引人，而声音又随故事情节跌宕起伏而抑扬顿挫，感染力很强，尤其是说话时那种胸有成竹的神态，很值得学习。他每天都细心观察、模仿，颇有收益。

过了几个月，柳敬亭又去请教老师。老师听了他说的一段书后，说："你现在进步已经不小了，听的人能聚精会神，但还要精益求精。"老师接着说："说书的人要和故事中的人物打成一片，这样才能在动作、语言、神态上无不惟妙惟肖，活灵活现，使自己成了故事中的人物；才能吸引听众进入故事所表现的境界，连他们也忘了自己，忘了是在听书。这才是说书艺术最理想的境界。"

柳敬亭听了老师这番话，信心更足了，学习也更刻苦了。于是他进一步深入生活，熟悉人们的感情、爱好。他还常常说书给人们听让大家评论，晚上再重新练习一遍，把大家的意见尽量采纳进去。

这样又过了几个月，柳敬亭又去找老师。老师这次听了他说的书后，高兴得连翘大拇指说："你现在已学到家了。还没张口，你已制造了故事中的气氛，等说起来时，听众的情绪就能够不由自主地跟着故事中的人物共鸣起来了。"老师拍着他的肩膀说，"你进步真快啊！真快啊！"

1662 年，柳敬亭从淮南随清漕运总督蔡士英北上至北京，演出于各王府之间，和官僚政客接触频繁，而且有了相当的影响。

柳敬亭说的书目，虽取之于现成的小说话本，但并不照本宣科，而是在表演时对原文有很大发挥，形成自己的特色。同时，他以说表细腻见长，改原作内容，从说书艺术的特点出发有增有删。

在语言运用上，柳敬亭不满足于平铺直叙，而是以轻重缓急制造气氛，以形象化的手法描人状物。他还善于在书词中补充社会生活，把自己的经历、见闻、爱憎融于书中。柳敬亭在说书中形成的这些特点，一直为后世评话艺人所仿效。

柳敬亭走遍了大江南北，到处受到人们的热烈欢迎。在豪华大厅的盛大集会之上，在悠闲亭榭的独坐之中，人们争着请柳敬亭表演他的技艺，没有不从内心感到满足的。

柳敬亭虚心求教，谨遵师言，勤于总结，努力实践，终于成为一个有名的评话艺术家。

为君子儒，无为小人儒

冉求曰："非不说①子之道，力不足也。"子曰："力不足者，中道而废。今女画②。"

子谓子夏曰："女为君子儒，无为小人儒。"

子游为武城③宰，子曰："女得人焉尔乎④？"曰："有澹台灭明⑤者，行不由径⑥，非公事，未尝至于偃⑦之室也。"

【注释】

①说：同"悦"。

②画：划定界限，停止前进。

③武城：鲁国的小城邑，在今山东费县境内。

④焉尔乎：焉尔，意即于此。

⑤澹台灭明：姓澹台名灭明，字子羽，武城人，孔子弟子。

⑥径：小路，引申为邪路。

⑦偃：言偃，即子游，这是他的自称。

【解释】

冉求说："我不是不喜欢老师您所讲的道，而是我的能力不够呀。"孔子说："能力不够是到半路才停下来，现在你是自己给自己划定了界限不想前进。"

孔子对子夏说："你要做君子儒，不要做小人儒。"

子游做了武城的长官。孔子说："你在那里得到人才没有？"

子游回答说："有一个叫澹台灭明的人，从来不走邪路，没有公事从不到我屋子里来。"

孔子极为重视发现人才、使用人才。他问子游的这段话，反映出他对贤才的重视。

【故事】

春秋第一相管仲

管仲（前 723 年或前 716 年～前 645 年），名夷吾，史称管子。生于春秋时期的颍上，即今安徽省西北部，淮河北岸。周穆王之后代，谥号"敬仲"，故又称管敬仲。管仲博通坟典，淹贯古今。有经天纬地之才，济世匡时之略。

管仲十分发展注重经济，他反对空谈主义，主张改革以富国强兵。他凭借自己的才能，辅佐齐桓公成为春秋第一霸主。被誉为"法家先驱""圣人之师""华夏文明的保护者""华夏第一相""春秋第一相"之誉，对后来具有巨大影响。

齐襄公在位期间，政治混乱，人民生活困苦，国内矛盾非常尖锐。对此，管仲预感到齐国将发生变乱。于是，他和他的好朋友鲍叔牙拥戴公子小白登上了国君之位。这就是齐桓公。

齐桓公做了国君后，任用管仲为相，并经常向管仲请教国家大事。管仲决心辅助齐桓公成就霸业。齐桓公向管仲请教富国、足民、强兵的策略。

管仲回答说："要使国家安定富强，必须先得民心。要得民心，应当先从爱惜百姓做起。国君能够爱惜百姓，百姓就自然愿为国家出力。"

齐桓公于是问道："百姓富足了，但是兵甲不足怎么办？"

管仲说："兵在精不在多。士兵的战斗力强，就能以一当十。"

桓公又问："兵强了，财力不足怎么办？"

管仲说："开发盐业、发展渔业、发展商业以此增加财源，从中收税。这样，军队的费用就也可以解决了。"

桓公听了非常兴奋，又问："兵强、民足、国富，是否就可以争霸天下了？"

管仲严肃地说："还不可以。争霸天下是大事，要制定具体的计划。目前是让百姓休养，让国家富强安定，否则难以实现称霸目的。"

齐桓公对管仲的一套富国强兵、治国称霸的道理十分欣赏。

管仲改革的目的是"富国强兵"，他改革的重点在经济方面。首先调整分配关系，以调动农民的生产积极性。为此，他提出按照土地的肥瘠、产量的多寡征税。这种办法使赋税征收很合理，农民也易于接受，也扩大了税源，增加了财政收入。

管仲还主张在发展农业的基础上，积极发展工商业，使两者并举。他利用齐国处在东海之滨的便利条件，发展渔业、盐业，开发山川、林泽，鼓励老百姓放手生产。这些措施使齐国经济繁荣起来。

经过管仲的大力改革，齐国的国力日益强盛，出现了民足、国富，社会繁荣安定的局面，为齐桓公称霸诸侯奠定了坚实的基础。

就在齐国国力增强的时候，当时的周王室日益衰微，周兵在中原与各诸侯混战，周朝的北方边境也遭到外族袭扰，原本安定的环境遭到破坏，经济发展受到严重阻碍。

管仲和齐桓公根据这一形势，一是决定打出尊周王室为天下共主这面旗帜，以号召其他诸侯国；二是主张抵御周朝边境的夷狄入侵，阻止周边各少数民族对中原华夏族的进攻，以博得中原各国的拥护。这两项措施，使得齐国动用武力出师征讨，有了名正言顺的理由。

前 684 年冬，齐国首先灭掉西邻的小国郯。其后不久，在管仲建议下，齐国又与宋、陈、蔡、邾等国在北杏会盟，商讨平定宋国的内乱。齐国的武力征讨和会盟大见成效。其他各个诸侯国看到齐国逐渐强大，纷纷表示承认齐国的霸主地位，向齐国屈服。

前 667 年冬，齐桓公又召集鲁、宋、陈、卫、郑、许、滑、滕等国国君在宋国的幽地会盟，几乎全部中原国家都参加进了这次会盟。周天子也派代表召伯参加，并赐齐桓公以侯爵。至此，齐桓公成为名副其实的霸主。

此后，齐桓公在管仲的辅助下，又多次大会诸侯。据史料记载，齐桓公前后会盟诸侯达 11 次之多，人们常说"九合诸侯"，只不过是说会盟次数多。由此可见齐国在当时是多么强大。

管仲辅佐齐桓公使中原华夏族免于南蛮、北狄的侵扰，表现出杰出的政治家才能。

前 645 年，为齐桓公霸业立下不朽功勋的管仲病重，齐桓公问以后事："众臣中谁可以任丞相呢？"

管仲说："了解大臣的没有人能比得上国君。"

桓公问："易牙怎么样？"

管仲说："易牙杀了自己的儿子去迎合国君，不可以任相职。"

桓公问："开方怎么样？"

管仲说："开方背叛自己的亲人迎合国君，难以亲近。"

桓公又问:"竖刁怎么样?"

管仲说:"竖刁阉割自己迎合国君,难以亲信。"

但在管仲死后,齐桓公把管仲的忠告置于脑后,最终重用了这几个人。果然就像管仲说的那样,这三人总揽齐国大权,相互勾结,两年后齐桓公也被他们害死。齐桓公和管仲一死,齐国的霸业也就骤然衰落了。

管仲不仅是一位杰出的政治家,而且他又是一位影响巨大的思想家,他的思想也给后人留下了一笔宝贵的财富。

今天留传于世的《管子》,就是后人根据管仲的思想、言论总结出来的。他的以法治国的思想,对后世有深远的影响,有些至今仍有一定的借鉴意义。

齐景公虚心纳谏

齐景公爱喝酒,连喝七天七夜不停止。大臣弦章上谏说:"您已经连喝七天七夜了,请您以国事为重,赶快戒酒,否则就请先赐我死了。"

另一个大臣晏子后来觐见齐景公,齐景公向他诉苦说:"弦章劝我戒酒,要不然就赐死他。我如果听他的话,以后恐怕就享受不到喝酒的乐趣了。不听的话,他又不想活,这可怎么办才好?"

晏子听了便说:"弦章遇到您这样宽厚的国君,真是幸运啊!如果遇到夏桀、殷纣王,不是早就没命了吗?"于是齐景公果真戒酒了。

还有一次齐景公心爱的小狗死了。他十分伤心,打算做一副上等的棺木厚葬爱犬,还决定让大臣们给狗举行隆重的葬礼。

晏子阻拦他。齐王不耐烦地说:"这件小事,您就不必管了。这是我想出来的办法,给大家取笑,耍着玩的。"

晏子郑重其事地说:"大王,您错了。现在有多少百姓冻死、饿死,死后无人埋葬，您不去管，反倒有心思和周围的人取乐。这明摆着是轻视百姓，只顾自己吗？百姓听了这件事，必定对您心生怨言，各国诸侯听说了，必定看不起齐国。内有百姓不满，外被诸侯小看，再加上大臣们跟你学开心取乐，齐国灭亡不远了，这难道是小事吗？"

齐景公吓出了一身冷汗，说："对呀！多亏您提醒了我。狗还是送厨房，炖了吃肉吧！"

6 岁称象的神童曹冲

曹冲，三国时魏国人，曹操的儿子，公元 208 年，因病夭折，年仅 13 岁。自幼聪慧异常。善于动脑。6 岁称象，展露超人的智慧。

曹冲是三国时期魏武帝曹操的儿子，小时聪慧异常，善于动脑筋，而且他心地善良，深得曹操的疼爱，常常把他带在身边。

曹冲 6 岁那年，东吴孙权送给曹操一头大象，曹操很高兴。大象运到的那天，曹操带领文武百官前去观看，曹冲也在其中。

大象是南方的一种动物，北方人很少见到，都感到新奇。

曹操看到这个庞然大物，很想知道它究竟有多重，就问身边的文武官员："你们说，用什么办法可以称出大象的重量？"

刚才还振振有词的众官员，一下子变得哑口无言了，四周一片寂静，都感到象的体积太大了，想不出办法来。

过了好一会儿，一个文官说："做一杆大秤，用房梁那么粗的大树当秤杆，或许能称出大象的重量来。"

于是人们纷纷议论说："这个方法不行，有了大秤也不行，谁有那么大的力气把秤杆连大象一起抬起来呢？"

这时，曹操帐下的猛将许褚走上前来，大吼道："有办法了，我把大象用刀砍了，一块一块地称，不就知道象的重量了吗？"

许褚的话一说完，大家"轰"的一声笑了，有人挖苦说："你这个办法很高明，但是这头珍贵的大象却不见了。"显然人们都不同意他这个办法。

曹冲一言不发默默地站在一旁，紧锁双眉，认真地思索着称象的办法。突然，他走到曹操面前，胸有成竹地道："父亲，孩儿想出办法来了，能称出大象的重量。"

曹操见是自己的儿子曹冲，笑着说：

"冲儿，大人都想不出办法，你有什么好办法，快说说看。"

曹冲叫人把大象牵到河边，对着一条大船说："我们可以把象牵到这条大船上，船一定会下沉，等船稳定下来，让人在船舷边用刀子在齐水面的地方刻上记号。然后，牵下大象，再往船里装石头，等装的石头重量达到吃水的记号时，再称出船里石头的重量，不就是大象的重量吗？"

人们照曹冲的方法，很快称出了大象的重量，曹操异常高兴，称赞曹冲说："冲儿的办法好极了！"在场的官员们无不投来敬佩的目光，夸奖他有超人的智慧。

曹冲不仅聪明，而且心地善良。一天，他跑到马厩来看马。平时常把他放在马背上玩的马倌正低着头伤心地哭。曹冲不知道出了什么事，就忙上前问道："你怎么了，哭什么呢？"

马倌惊惧地说："可恶的老鼠把丞相的马鞍咬坏了。"

曹冲一听，大吃一惊。他知道父亲制定的制度非常严格，对损坏武器装备和马匹的人都要处以严厉的惩罚，甚至被处死。今天损坏的不是别的，而是他自己那副华丽无比、五光十色的锦绣马鞍，看来马倌的性命有危险了。

曹冲很可怜这个马倌，知道他尽到了责任，他为了保管好这副马鞍，把它高高挂在军器库的柱子上，可还是被老鼠咬了，这怎能光怨他呢？"别怕，我去见父亲，听到我的咳嗽声，你再进去禀报马鞍被咬的事。"

说完，曹冲回到自己的房间，用剪刀在自己的衣服上捅了几个小洞，然后走到曹操跟前，哭丧着脸说："父亲，我向您谢罪来了。"

"冲儿，你一个小孩子家，何罪之有？"曹操不解地问。

"您给我的好衣服，被老鼠咬了好多洞，您惩罚孩儿吧！"

曹操一听哈哈大笑起来："是老鼠咬的，怎能怨人呢？"

曹冲咳嗽了两声，跪下说："谢谢父亲。"

正在这时，马佾抱着马鞍走进来，跪在曹操面前，一五一十地把马鞍被老鼠咬破的事说了一遍。

机灵的曹冲适时重复着刚才父亲那句话："是老鼠咬的，怎能怨人呢？"

曹操听说自己心爱的马鞍被老鼠咬了，心疼极了，但又一想，这不跟冲儿的衣服一样吗？是老鼠咬的，光怨人有何用？于是，笑着说："快起来，治什么罪啊，回去吧。"随即派人去灭鼠。

马佾得救了，他从心里感激曹冲，更佩服他的机智。

公元208年，年仅13岁的曹冲不幸因病夭折了，但他的故事却永远在民间广泛流传着。

张英让墙三尺传美名

我国传统礼仪发展至清代，对于社会生活的各个方面，无不做出详尽的规定，而且礼仪中处处体现着尊卑差别。但就是在这种尊卑差别的大背景下，朝廷重臣张英却能不持尊大，以宽容的胸襟处理家中的邻里之争，足见儒家道德文化的伟大力量。

那是在清代初年，在安徽桐城有一条小巷，巷子里居住着两户相邻的人家。一家姓张，家主张英是文华殿大学士、礼部尚书；另一家姓吴，家主为地方权贵，人称"吴大老爷"。

这两户人家，虽相邻多年，但并不来往。他们是左邻右舍，各走各的门，各用各的灶，井水不犯河水，倒也相安无事。

谁知这一年，张、吴两家同时大兴土木，翻建房屋，大有彰显荣贵之意。其实这本是各家自己的事，但问题是，这两户人家在翻建房屋时，都要将各自的山墙向外延伸，以扩大房基，结果引发了争吵。你不允我不依，一时间吵得天昏地暗，直吵到县衙老爷那里。

张、吴两家都是有权有势的人家，县衙老爷乃七品芝麻小官，岂敢轻易判决，以致官司迟迟没有结果。

张家因家主官大，见此小小官司竟迟迟无果，不免气愤难忍，没奈何只好给北京当大官的张英写信，并派管家持书星夜赶往京城，禀报在京的张英，

希求张英出面干预，以振族威，出掉这口怨气。

远在京城的张英接到家书后，起初确也很气恼，好在他的妻子是一个知书达理的人，知道情况后淡淡一笑，劝丈夫道："相邻相争，只为一墙，何至于如此呢！你是朝廷要臣，官居高位，对此区区小事，应该大度才是，让人几尺何妨？"

妻子接着说："俗话讲'金厝边、银乡邻，亲帮亲、邻帮邻'，难得邻居，理应互帮互让，何必为蝇头小利争得面红耳赤，打得头破

血流，弄个两败俱伤呢？让一点风平浪静，让人三尺，并不是怯懦，而是舍利取福。"

张大人听了妻子的话，也觉得言之有理，顿时息怒，随即付书一封，交管家带回。

张家人接到张英来书，喜不自禁，以为张英一定有一个强硬的办法，或者有一条锦囊妙计。急急地拆开一看，却见书中仅有一首诗。这首诗写道：

> 千里来信只为墙，让他三尺又何妨？
>
> 万里长城今犹在，不见当年秦始皇。

这首《让墙诗》使张家人息怒默语，后来一合计，确实也只有"让"唯一的办法。于是悄悄地将与吴家相邻的山墙拆除，退后 3 尺。

张家这一举动，使吴家很受震动，心中赞叹张英和他家人的旷达态度。吴家愧疚之余，也主动地将山墙退建 3 尺。

这样一来，使得张、吴两家宅居间形成了一条 6 尺宽的巷道。被称为"六尺巷"。

张家自张英以来，家族更是人才辈出，家族 6 代共出进士 13 人，其中入翰林者 12 人。张英长子张廷瓒 1679 年进士，入翰林，官至詹事府少詹事；次子张廷玉 1700 年进士，入翰林，官至保和殿大学士，雍正时期设立军机处，最初典章皆出其手，与鄂尔泰等同为军机大臣，而且恩遇最隆。

张英虽居高位，但能弘扬仁义，宣导谦让，主张宽容处世，大度待人，在处理邻里纠纷问题上，选择了以忍谋和、以让求睦，使得张、吴两家化干戈为玉帛。此巷虽宽了 6 尺，而在他的心胸中又宽了万丈，正所谓"心底无私天地宽"。

"六尺巷"故事已经远去，但这件事远远超出其本意：包容忍让，平等待人，作为中华民族的一种美德，从古至今，源远流长。

杨露禅千里拜恩师

清代礼仪涉及的范围广，尊卑差别大，但在尊师这一点上，则是与历史一脉相承。在古人心目中，尊师等同于孝道，有"一日为师，终身为父"之说。在清代武林中，太极大师杨露禅就非常讲究尊师敬师之道。

杨露禅是清代末期武术家，他小时候家世贫寒，酷爱武术，稍大以后，就以卖水、卖土为生。由于天天推车练就了惊人的臂力。

杨露禅在有些功夫之后喜欢同人比试拳脚。

有一次，他给永年城太和堂药店运货，听说店伙计们都练绵拳。绵拳运好气之后不但能借人之力打人，而且能拨动千斤之物。由于他怀疑绵拳威力，便向人家提出比试，药店掌柜出场了。

杨露禅攥紧双拳，一个箭步，扑向掌柜。掌柜双手一迎，身子一闪，便躲过了。杨露禅要打第三拳时，忽觉身子右侧遭受到一种无法抗拒的力量，站立不住，向左倒去。杨露禅从来没被人三拳两拳击倒过，知道遇到了出奇高手，于是慌忙跪下赔礼讨教。

掌柜见他爽直诚恳，便向他讲出来历。原来，这太和堂是河南温县陈家沟陈德瑚进士开的。陈德瑚是绵拳创始人陈玉廷的后代，家有继承先祖拳业的兄长陈长兴。药店掌柜正是陈长兴的弟子。

杨露禅听后，立即再拜，要拜其为师。由于立有祖训，被掌柜拒绝。杨露禅并没有就此灰心。他立即回家，凑足路费，背上行李，星夜奔赴陈家沟。

从永年到温县有近千里路程，由于求师心切，杨露禅只用了半个月，到了陈家沟，在村子中间打听到了陈德瑚的家。

陈家门前堆放着许多柁檩砖石，一些人正往来搬运木料。杨露禅高兴极了，一路劳累一扫而光。可是他想：人家在修建房屋，怎好意思提起拜师学艺的事呢？还是先帮人家多干点活，待日后再想法求见师父吧！

这时只听有人大喊："上梁喽！"杨露禅立刻跑上前去，扛起一架大柁登上石阶，走到墙基边，稳稳当当地把大梁放下。

众人见了，齐声喝彩。陈德瑚闻声赶来，仔细端详了杨露禅，然后让人把他叫到账房，收留他当了小工。

陈德瑚把杨露禅只身扛大柁的事告诉了陈长兴。陈长兴怕是武林高手登门闹事，便急忙来到现场，只见杨露禅浓眉大眼，膀宽腰圆，虽年龄不大，却能毫不费力地将几百斤重的大柁搬到肩上，断定他定有功底。于是说了声："好！"接着说，"这位朋友，你能扛动大柁，我能试试吗？"

杨露禅见此人高不到5尺，消瘦干瘪，年近花甲，便说："大柁长有两丈，重有八百，我不费吹灰之力；您年高体瘦，哪能同俺这莽夫相比！"

陈长兴哈哈大笑，说："那咱们就比一比吧！我站在柁头，你如果拉我下来，我就认输！"

为君子儒，无为小人儒

杨露禅想：不用说一个瘦老头，就是铜铁罗汉，俺也把他拉下来！于是说："拉不下来，俺就拜您为师。"

陈长兴把绳子系在腰间，另一头扔给杨露禅，一个箭步跳上大柁，说："朋友，拉吧！"

杨露禅用力一拉，没拉动，再一拉，又没拉动。他急了，于是使出了全身力气，身子都要贴到地面了，可是，陈长兴悠然自若，稳如泰山，却眼见着那大柁一点点下陷。杨露禅摇摇摆摆，汗水淋漓。

站在一旁的陈德瑚，担心兄长年老有失，连喊："停，停！"

杨露禅放下绳子，扑倒便拜："敢问大师尊姓大名！"

陈德瑚说："这就是兄长陈长兴！"

杨露禅听了后，激动得落下泪水来，立刻连连叩头说道："弟子久闻师父大名，不惜跋山涉水登门求艺，万望师父收下弟子吧！"

陈长兴默不作声。陈德瑚说："兄长，他千里寻师，可见心诚，你就收下他吧！"

众人也七嘴八舌地帮腔，陈长兴却扬长而去。

杨露禅心想：师父收徒弟理应有个考验。我今天能见到师父就已心满意足。只要能让我在这干活，不愁实现不了求艺愿望。从此，陈家里里外外的脏活累活都被杨露禅包了。

一天，杨露禅听人说陈长兴天天深夜在花园里练功，就半夜起床，藏在花园的大槐树上。果然，见到陈长兴来到花园。只见他一招又一招地练了一遍又一遍。练完后，又回到屋睡觉去了。

杨露禅爬下树来，一边打扫庭院，一边琢磨陈长兴的招数。天亮了，众弟子都来跟师父练武，杨露禅也夹在中间。就这样，明学暗练，苦心琢磨不知过了多少天，受了多少累。

转眼到了腊月，长工们结账回家过年。可杨露禅既不结账，也不回家。

陈德瑚知道了，觉得奇怪，就问："露禅，你为什么不回家？"

杨露禅说："东家待我实在是好，可有一样，我出来已经一年，连师父都没拜成，哪有脸面回家！"

陈德瑚被他的志气感动，就向兄长替他说出心事。陈长兴听了哈哈大笑道："实不相瞒，我早破例将他收下了！"

杨露禅知道了，立刻跑到上房，喊了一声："师父！"随即"扑通"一声跪在地下。

陈长兴正要扶起，陈德瑚一摆手，说："慢着，往日兄长收徒弟，要先练拳，后推手，再磕头。今天怎么啦？"

陈长兴说："他每天三练功，早已掌握了内家拳的奥妙，成为自己人了！"

陈德瑚说："那就叫他显显身手吧！"

杨露禅知道偷艺的事已被师父识破，只得说："那就请东家和师父指教吧！"他凝神走身，练了一趟太极架子。陈长兴感慨地说："他三更看，四更练，五更扫庭院，亮天以后又一遍。别看只学 8 个月，功勤胜 3 年！"

除夕，杨露禅在新落成的客厅里正式向陈长兴行了拜师大礼。陈长兴坐上座，杨露禅行三叩首之礼。

接着，师父陈长兴训话，教育徒弟杨露禅遵祖守规，勉励他做人要清白，学艺要刻苦等。陈氏家族相传 14 代的绝技，从此第一次传给了"外人"。

后来，杨露禅将陈氏拳的招式进行了修改：缩减了高难动作，增加了简易招数。并且创新了器械，创立了太极刀、太极锤、太极枪等，使太极拳得以在各地普及开来。

1872 年，73 岁的杨露禅逝世。人们对他无比怀念、敬仰，称他为"太极大师"。

出不由户

子曰："孟之反①不伐②，奔③而殿④，将入门，策其马，曰：非敢后也，马不进也。"

子曰："不有祝鮀⑤之佞，而⑥有宋朝⑦之美，难乎免于今之世矣。"

子曰："谁能出不由户，何莫由斯道也？"

【注释】

①孟之反：名侧，鲁国大夫。

②伐：夸耀。

③奔：败走。

④殿：殿后，在全军最后作掩护。

⑤祝鮀：字子鱼，卫国大夫，有口才，以能言善辩受到卫灵公重用。

⑥而：这里是"与"的意思。

⑦宋朝：宋国的公子朝，《左传》中曾记载他因美丽而惹乱子的事情。

【解释】

孔子说："孟之反不喜欢夸耀自己。败退的时候，他留在最后掩护全军。快进城门的时候，他鞭打着自己的马说：'不是我敢于殿后，是马跑得不快。'"

孔子说："如果没有祝那样的口才，只有宋朝的美貌，那在今天的社会上恐怕不容易避开祸难。"

孔子说："谁能不经过屋门而走出去呢？为什么没有人走我这条道路呢？"

孔子这里所说的，其实仅是一个比喻。他所宣扬的"德治""礼制"，在当时有许多人不予重视，他内心感到很不理解，所以，他发出了这样的疑问。

【故事】

治国经商干才范蠡

范蠡（前536年～前448年），字少伯，又叫范少伯、陶朱公、鸱夷子皮。生于春秋时期的宛地，即今河南省南阳市。著名的政治家和实业家。

他的一生，从楚到越，由越到齐，大起大落。由布衣客到上将军，由流亡者到大富翁，范蠡以其坚韧不拔的毅力和宏远的谋略辅佐勾践兴复濒于灭亡的越国，灭亡称霸诸侯的吴国，创造了扶危定倾的奇迹，以"勇而善谋"、"能屈能伸"著称于世。

前496年，吴国和越国发生了战争，吴王阖闾阵亡，因此两国结怨，连年战乱不休。阖闾之子夫差为报父仇与越国在夫椒决战，越王勾践大败。

范蠡就是在勾践穷途末路之际投奔越国的。

范蠡向勾践陈述"越必兴、吴必败"的断言，建议勾践要放下尊严，亲自为吴王服务，以便慢慢图谋转机。范蠡被勾践拜为上大夫后，他陪同勾践夫妇在吴国为奴3年。3年后归国，范蠡开始拟定兴越灭吴的计划。

为了实施灭吴战略，范蠡首先决定以美女麻痹吴王。他亲自跋山涉水，访到巾帼奇女西施，把她献给吴王，从而完成了灭吴战略的第一步。

范蠡灭吴战略的第二步，是加强越国的军队建设。他的军事宗旨是：

> 强则戒骄逸，处安有备；弱则暗图强，待机而动；用兵善乘虚蹈隙，出奇制胜。

范蠡辅佐越王勾践20余年，苦身戮力，终于灭吴，成就了越王霸业。当上了霸主的越王勾践，拜灭吴功臣范蠡为上将军。

范蠡很了解勾践，知道勾践是一个可共患难而不能共富贵的人。经过深思熟虑，范蠡还是决定离开。

于是，他给另一个灭吴功臣文种写了一封信说：

> 高鸟已散，良弓将藏；狡兔已尽，良犬就烹。夫越王为人，长颈鸟喙，鹰视狼步，可与共患难而不可与其处乐，子若不去，将害于子。

留下这封信后，范蠡离开了越国。文种不信范蠡的话，最后终成勾践的剑下之鬼。当然这是题外话。

范蠡离开越国后到了齐国，他更名改姓，耕于海畔，没有几年就积产数十万。齐国人仰慕他的贤能，请他做宰相。范蠡却归还了宰相印，将家财分给他的乡邻，再次隐去。

范蠡来到陶地，看到此地为贸易的要道，可以据此致富。于是，他自称陶朱公，留在此地，根据时机进行物品贸易，时间不长，就累积千万。

范蠡发了大财，却把金钱看得很淡薄。

有一次，他的次子因杀人被楚国囚禁，他就派长子带上一牛车的黄金前去探视。

尽管他后来得知次子已经被杀，但还是告诉长子把整车黄金分给楚国百姓。他还把钱财都分散给陶地的穷人和朋友。范蠡能发家致富，又能散财，在人们心目中是难得的活财神。

范蠡作为杰出的政治家和实业家，他在实践当中总结了许多宝贵的经验。他认为：

> 谷物价格太贱则损害农民利益，农民受损害不努力生产，农田就会荒废。
>
> 谷物价格太高则会损害工商业者的利益，工商业受损害无人从事工商业，就会使经济发生困难。
>
> 谷价如果低至20就会损害农民，谷价如高至90就会损害工商业。如果把谷价限制在不低于30，不高于80的幅度内，就会对农业和工商业都有利。
>
> 如能这样平抑物价，关卡、市场都不匮乏，这是治理国家的办法。

范蠡的理财思想既可以促进农业发展，又有利于工商业的发展，使国民经济各部门能够协调发展。范蠡试图通过调整价格促进生产和流通，这都是通过经济手段而不是通过行政命令。范蠡不愧是我国古代治国理财的杰出人物。

宰相的典范子产

子产（？ ～前522年），名姬侨，字子产，又字子美，世称公孙侨、郑子产。生于春秋后期的郑国，即今河南省新郑市。著名的政治家和思想家。

他的政治主张在当时的郑国，发挥了极其重要的作用，在我国的历史上也影响深远。后世对其评价甚高，将他视为我国历史上宰相的典范。子产没有著述传世，他的言行事迹，主要载于《左传》《史记》等书籍。

子产在公元前554年被郑简公立为卿，执掌郑国国政，是当时最负盛名的政治家。

子产的治国功绩主要体现在法律上，他做了两项重要的工作，一是公布成文法；二是提出"宽猛相济"的策略。

前536年，子产把自己所制定的成文法铸在鼎器上，开创了古代公布成文法的先例。成文法是子产根据法定程序制定发布的具体系统的法律文件。

子产在历史上第一次公布了成文法，让普通百姓也能了解到法律的具体条款，这实际上就否定了法律的神秘性，其意义是显而易见的。

"宽猛相济"是子产提出的法律实施策略。"宽"强调道德教化和怀柔；"猛"强调严刑峻法和暴力镇压。

后来，儒家主要继承和发展了"宽"的思想，法家主要继承和发展了"猛"的思想。由此可见其影响。子产的宽政在郑国收到了很好的效果。

在当时，郑国人到乡校议论执政者施政措施的好坏，对于这种情况，郑国大夫对子产说把乡校毁了。

但子产说："人们早晚干完活儿回来到这里聚一下，议论一下施政措施的好坏。他们喜欢的，我们就推行；他们讨厌的，我们就改正。这是我们的老师，所以不同意毁掉它。"

子产主张借助乡校让老百姓无所顾忌、畅所欲言地议论统治者。当时郑国大夫对子产的见解很是佩服。就连同时代的孔子知道了子产的这番话，也佩服子产的气魄和胸襟。

子产也注重"猛"的一面。他曾经对子太叔阐述自己的观点：只有道德高尚的人能够用宽厚的政策使民众服从，其次的政策没有比严厉更有效的了。

比如火势猛烈，人们望见它就害怕，所以很少有人死于火。水性柔弱，民众亲近并和它嬉戏玩弄，所以死于水的人就很多，因此宽厚的政策，实施的难度要大。

子太叔开始时不忍采用严厉的政策，结果郑国出现了很多盗寇。他后悔没听子产的话，于是改变策略，盗贼活动才得以平息。

据说，子产病故后，因他一贯廉洁奉公，家中没有积蓄为他办丧事，他的儿子和家人只得用筐子背土在新郑西南陉山顶上埋葬他的尸体。

消息传到郑国的臣民耳中，大家纷纷捐献珠宝玉器，帮助他的家人办理丧事。子产的儿子不肯接受，老百姓只好把捐献的大量财物，抛到子产封邑的这条河水中，悼念这位值得敬仰的人。

珠宝在碧绿的河水中放射出绚丽的色彩，泛起金色的波澜，从此这条河被称为"金水河"，这就是现在郑州市的金水河。

文彦博识人辨人品

文彦博，字宽夫，北宋时期政治家、书法家，世人尊称为"贤相"。长安的石才叔家里，收藏有唐代书法名家褚遂良亲笔写的《大唐三藏圣教序》。文彦博在长安做官时，向石才叔借来一字一字地看，越看越喜欢。于是，他叫家里的后生临摹了一本。

一天，文彦博设宴招待幕僚、部下和客人。他把石才叔也请来了。在席间，文彦博把两本《大唐三藏圣教序》拿来，说："这两本都是《大唐三藏圣教序》，一本是真本，另一本是临摹抄本。现在请你们辨认一下，哪一本是真的，哪一本是临摹的。"

听说是褚遂良的字，在座的人都围观起来。众人中能够鉴别出真伪的不在少数，却都说文彦博叫人临摹的是真品。反而说石才叔那本是手抄的。

文彦博把疑问的目光投向石才叔。石才叔没有对此作一句辩白，只是笑着对文彦博说："今天我才知道自己地位的低下。"

文彦博哈哈大笑："我这本才是临摹手抄的呀！"

那些拍马奉承、口是心非的人，一个个羞红了脸。

弘扬儒学的大师朱熹

程颢、程颐的三传弟子李侗的学生朱熹，是南宋时期著名的理学家、思想家、哲学家、教育家、诗人，闽学派的代表人物，世称"朱子"，是孔子、孟子以来最杰出的弘扬儒学的大师。

朱熹承北宋周敦颐与"二程"学说，创立宋代研究哲理的学风，称为"程朱理学"。

朱熹受教于父，从小聪慧过人。刚能够说话时，父亲指着天告诉他说："这就是天。"

朱熹则问："天的上方有什么？"父亲觉得十分惊奇。

他勤于思考，学习长进，8岁便能读懂《孝经》。入学跟从老师读书，老师教他读《孝经》，他看过一遍，就在书上写道："不能像这样去做，就不能算作一个人！"可见他立志做个尊孝道的人。

他曾经和一群小孩子在沙上玩耍，独自一人端端正正坐着用手指在沙地上画，别人一看，原来是一幅八卦图形。

朱熹10岁时父亲去世，其父好友刘子、刘勉子、胡宪3人皆是道学家。当时的道学家一部分排佛，一部分醉心学佛，他们皆属后者。因此朱熹既热衷于道学，同时对佛学也有浓厚兴趣。

1147年，18岁的朱熹参加乡贡，据说就是以佛学禅宗的学说被录取的。主考官蔡兹还对人说："吾取一后生，三策皆欲为朝廷措置大事，他日必非常人。"第二年考中进士，被派任泉州同安县主簿，从此开始仕途生涯。

朱熹在赴任途中拜见了著名的"南剑三先生"程颐再传弟子李侗。后来朱熹向李侗求学，为表诚意，他步行几百里从崇安走到延平。李侗非常欣赏这个学生，替他取字"元晦"。从此，朱熹开始建立理学这一套客观唯心主义体系。

在宋金关系紧张之际，宋孝宗在广大军民要求的压力下，起用了抗战派张浚，平反了岳飞的冤案，贬退了秦桧党人。这时，朱熹上奏皇上，提了3

项建议：一是讲求格物致知之学；二是罢黜和议；三是任用贤能。

在奏章中鲜明表达了他的反和主张。这一奏章使朱熹得幸被召。

宋金关系暂时缓和后，朱熹便一头钻进理学中去了。他在故里修起"寒泉精舍"，住此 10 余年，编写了大量的道学书籍，并从事讲学活动，生徒盈门。这一期间他对朝廷屡诏不应。

1178 年朱熹东山再起，出任"知南康军"。赴任后，兴利除弊，正值当地一年不下雨，他十分重视赈济灾荒的措施，很多百姓得以保全性命。

事情结束后，朱熹上表请求按照规定的标准奖赏献粮救灾的人。他还经常到州郡的学校去，召集学生给他们讲学。当时浙东发生大饥荒，宰相王淮上书请求改任朱熹为提举浙东常平茶盐公事，要求他当天轻车前往就任。

朱熹就任后，立刻给其他州郡写信，召集米商，免除他们的商税。等他到达浙东，外地商船运来的粮食已经聚集了很多。

朱熹每日察访民情，到州县巡行考察，单车独行，不带随从，所到之地，人们都不知道他的身份。一些郡县的官吏害怕他的严峻作风，有的甚至弃官离去，辖区之内，秩序肃然。所有丁钱、役法这类规定条款，如对百姓不利，他全部整理出来加以革除。

朱熹在赈济灾荒之余，还按照实际进行规划，一定为百姓做长远的打算。皇上对朱熹的工作大为赞赏，说他的政绩"大有可观"。

朱熹尽管重新入仕，却未忘自己的学者身份。在庐山的唐代诗人李渤隐居旧址，建立"白鹿洞书院"进行讲学，并制定一整套学规。

朱熹制定的学规是："父子有亲、君臣有义、夫妇有别、长幼有序、朋友有信"的"五教之目"；"博学之，审问之，谨思之，明辨之，笃行之"的"为学之序"；"言忠信，行笃敬，惩忿窒欲，迁善改过"的"修身之要"；"政权其义不谋其利，明其道不计其功"的"处事之要"；"己所不欲，勿施于人，行有不得，反求诸己"的"接物之要"。

这个"白鹿洞书院"后来成为我国著名的四大书院之一，而其"学规"则成为各书院的楷模，对后世产生了巨大影响。

1181年秋浙东饥荒，朱熹由宰相王淮推荐任提举两浙东路常平茶盐公事。到职后，他微服下访，调查时弊和贪官污吏的劣迹，弹劾了一批贪官以及大户豪右。他不徇私情，牵连攻击了王淮等人。于是，王淮指使人上书抨击理学。

另外，朱熹以道德文章名震朝野，也引起有些人的忌妒，这些人乘机群起攻击，诬朱熹理学为"伪学"，以至于朱熹被罢职回乡。

朱熹在回乡途中，路过一个叫山下村的地方。那天骄阳当空，盛暑难当，朱熹也走得口干舌燥，双脚发软，瞥见路口开一片茶馆，忙走进茶馆坐在板凳上，"呼哧呼哧"直喘气。

这茶馆旁边一棵大榕树，枝干苍虬，绿叶如盖，清风飒然，令人神清气爽，是纳凉的好地方。朱熹口啜香茗，开襟纳凉，浑身舒坦，连日的困顿疲劳消除了大半。

茶馆的主人是个年近半百的妇女，膝下仅有一个八九岁的男孩，是她在下山的路上生的，因而取名"下山"。

这下山自幼好学，终日手不释卷。朱熹是一个大儒，自然喜爱读书郎。他沉吟一会儿，从身上摸出一枚铜钱，笑着吩咐道："替我办九种下酒菜来。"

女主人接铜钱在手，心里有些忐忑：不办吧，得罪了客官；办吧，区区一枚铜钱如何端出九样菜？怔怔地愣在那里，脚像生了根似的提不起来。

下山见母亲受窘，抓起铜钱说："娘，我有办法！"说完如飞一般出了茶馆。不一会儿，只见他攥着一大把韭菜，喜眉笑眼地站在朱熹面前。

朱熹见状，忙把下山搂在怀里，抖动着花白胡须，高兴得流出泪水。

原来，韭菜的"韭"与"九"同音，朱熹醉翁之意不在酒，在于验证下山的才学，不料聪慧的下山即刻猜中了哑谜，怎不使朱熹兴奋激动呢！

朱熹在茶馆住了一夜，第二天带走了下山，悉心教授。下山悟性极高，不负师教，后来高中进士，官拜两浙提刑官。

下山官高爵显，举家北迁临安，他为感激朱熹提携教诲之恩，于是，在茶馆原地修起一座"朱子祠"，奉供朱熹牌位。春秋两季，乡人顶礼膜拜，遗迹至今尚存。

朱熹解职后，在武夷山修建"武夷精舍"，广召门徒，传播理学。为了帮助人们学习儒家经典，朱熹从儒家经典中精心节选出《大学》《中庸》《论语》《孟子》"四书"，并刻印发行。这是教育史上的一件大事。"四书"影响深远，后来成为封建教育的教科书，使儒家思想成为全面控制中国封建社会的思想。

朱熹后来受当时南宋宰相赵汝愚推荐，当上焕章阁待制兼侍讲，即皇帝的顾问和教师。朱熹为刚即位不久的南宋宁宗进讲《大学》，每逢双日早晚进讲。

朱熹注重自己的一言一行符合礼仪规范，即使在日常生活中也中规中矩。朱熹平日家居的时候，每天天色还没有亮，就起来了，穿好衣裳相连的制服，戴了幞头，穿上方头鞋子，到家庙里和先圣神位前去跪拜。行了礼以后，退回到书房里，几案必定摆得很正，一切书籍器用，必定也是整整齐齐的。有时候疲倦了休息，就闭着眼睛端端正正地坐着，休息完了起来，就迈开脚步慢慢地走。

朱熹的威仪和容貌举止的法则，从少年时直至老始终没有放弃。

朱熹的一生志在树立理学。1200年农历三月初九，朱熹在建阳家里去世，享年71岁。临终前还在修改《大学诚意章》，可见他是如何矢志于树立自己的理学。

朱熹做学问，主张深入探究事物的原理，掌握其内在规律，并自我检束，将理论运用到实践中去。他曾说过，古代圣贤思想学说流散在典籍之中，由于圣贤经书的宗旨没有阐明，圣贤思想学说的传授也就含混隐晦。于是，他殚精竭虑，深入探究圣贤的思想准则。

朱熹在从事教育期间，对于经学、史学、文学、佛学、道教以及自然科学，都有所涉猎，而且著作广博宏富。他所写的书在世上广泛流传。

朱熹去世后，朝廷把他为《大学》《论语》《孟子》《中庸》作注的书作为学校的教材。

作为宋代新儒学代表人物，朱熹继承了孔孟儒家的修身思想，并在新的历史时期加以发展。在重视和提倡修身的同时，亦强调把修身落实到笃行上，主张修身之要在于实际去做，而非空谈心性修养。

朱熹的修身思想把穷理与修身相结合，使儒家修身思想具有了新时期的时代内涵。同时，更把修身与穷理并列为世间根本之法。他说："世间万事须臾变灭，皆不足置胸中，唯有穷理、修身为究竟法耳。"表明他对修身的重视。

朱熹穷理修身的思想通过注解儒家经典主要是"四书"体现出来，这与当时的经学转型相关。他对"四书"十分重视，以"四书"义理之学取代"六经"训诂之学在经学史上的地位。他的理论建树，为我国古代儒学思想增添了新鲜的内容，丰富了修身的内涵。

陆九渊的自我道德修养

紧随朱熹之后，陆九渊开启了宋明两代主观唯心主义"心学"之先河。他与朱熹齐名，被史界称为"朱陆"，被后人称为"陆子"。

陆九渊，书斋名"存"，世人称"存斋先生"，因其曾在贵溪龙虎山建茅舍聚徒讲学，因其山形如象，自号象山翁，世称"象山先生""陆象山"。他在"金溪三陆"中最负盛名，是我国著名的理学家和教育家。

陆九渊认为，孜孜于自我之道德修养，然后治理好家庭与家族，这正是所以能立国平天下之基础。他曾经说：

明父子君臣夫妇昆弟朋友之节，知正心修身齐家治国平天下之道。以事父母，以和兄弟，以睦族党，以交朋友，以接邻里，使不得罪于尊卑上下之际。

在此基础上，人们才可以进一步去读史书，去知晓治国之方略。

陆九渊是这样说的，也是这样做的。他自幼秉承良好家教，一生致力于创立学派，从事传道授业活动，勤于政务，造福一方，履行了一代大儒修身治国的誓言。他出身于一个九世同居、阖门百口的封建大家庭。陆氏家风，笃实严谨。陆门治家严格执行宗法伦理，同时，也靠家庭成员发挥各自的积极性、主动性，各尽其能，各供其职。

生在这样的家庭氛围中，从小耳濡目染，长大成人后亲自管家，这样的生活经历对于陆九渊形成对社会国家的参与意识会有很大影响。而这就是他的学问起点。

陆九渊出生时，其父陆贺因儿子多，打算让乡人收养，长兄陆九思的妻子刚好生有儿子陆焕之，陆九思即令妻乳陆九渊，而将自己的儿子让别人奶喂。陆九渊后来对兄嫂如事父母。

陆九渊自幼好学，他的好学不在于博览，而表现在善于思考上。三四岁时，他曾向父亲发问："天地为什么没有边际呢？"

父笑而不答，他竟为这个问题费尽思索而至废寝忘食。

陆九渊13岁时，曾经对自己少儿时思考的问题忽有所悟。有一天，他读古书读到"宇宙"两字，书中说"四方上下曰宇，往古来今曰宙"，于是他忽然省悟，原来"无穷"便是如此啊，人与天地万物都在无穷之中。他提笔写下："宇宙内事乃己分内事，己分内事乃宇宙内事。"就是说他从"宇宙"两字，悟得了人生之道。

陆九渊立志要做儒家的圣人，而他以为，做圣人的道理不用别寻他索，其实就在自己心中。对宇宙无穷与对圣人之心广大的顿悟，使陆九渊进入了一种新的人生境界。

陆九渊 34 岁中进士，先任隆兴建安县主簿，后改建安崇宁县。大约十年后，他被荐为国子正，不久，又迁敕令所删定官。后来他被差管台州崇道观，因这只是个管理道观的闲职，于是他便归江西故里讲学，汇集了四方学者。

多年的探索及教学积累的经验，使陆九渊形成了自己的"心学"思想，并积极与当时很多著名的思想家进行讨论。

1145 年，陆九渊与朱熹在江西上饶的鹅湖寺会晤，研讨治学方式与态度。朱熹持客观唯心主义观点，主张通过博览群书和对外物的观察来启发内心的知识；陆九渊持主观唯心主义观点，认为应"先发明人之本心然后使之博览"，所谓"心即是理"，无须在读书穷理方面过多地费工夫。

双方赋诗论辩。陆指责朱"支离"，朱讥讽陆"禅学"，两派学术见解争持不下。这就是史学家所说的"鹅湖之会"、"鹅湖大辩论"。

鹅湖之会是我国古代思想史上的第一次名的哲学辩论会。朱、陆双方辩论的"为学之方"，表现出朱熹与陆九渊在哲学上的基本分歧点，曾对明清两代思想的发展产生了一定的影响。

1190 年，50 岁的陆九渊被任命为荆湖北路荆门知军。次年农历九月初三，陆九渊千里迢迢从江西到荆门上任。

陆九渊走马上任的第一件大事就是整饬边防，严肃军纪，加强抵御金兵犯境的能力，修筑了著名的荆州城墙。这种心理素质，这种献身的精神，这种大义凛然，为国分忧的气概，实在是儒学思想家的典范。

陆九渊上任后另一件带有根本性的大事，就是兴建军学、贡院、客馆、官舍，改善军政建设，树立政府形象，使荆门地方官员精神面貌有了重大的改变。

在此之前，荆门官员惰性成习，人人都以办公差为耻，官吏只是喜欢装扮面子。为了改变官吏好逸恶劳的坏习惯，陆九渊躬身劝督，以身作则，把哲学思想贯彻到具体的政务之中，采取思想启迪的办法，自上而下，打造朴实厚道的民风。

在行政管理上，陆九渊不仅仅是经验丰富，所有军政大事有缓有急，有条不紊，次第展开。其中成功的原因，就在于他始终将军务政事都涵盖在他的哲学思想的理论框架之中。

陆九渊根据当时的社会历史环境和行政管理体系，认为只有从官员抓起，"任贤，使能，赏功，罚罪"，把官员的精神面貌振作起来，全社会的"人心"才有"正"的可能。"政者，正也"，这是先秦时期儒家孔子的祖训，陆九渊可谓深得其中精神。

陆九渊认为自己"生于末世"。而"末世"的最大特点就在于士大夫的志向以文取仕，以至于一些士大夫苟且偷安。由于陆九渊出生、成长于一个钟鸣鼎食的大家族里，各种家务、商务活动使他精通事物，因而能够将儒家传世经典的要义从亲身实践中体现出来，通过"料理得人"，取得了"正人心"的最好效果。

1193 年初，陆九渊在荆门病逝，棺殓时官员百姓痛哭祭奠，满街满巷充塞着吊唁的人群。出殡时，送葬者多达数千人。他去世后，谥为"文安"。陆九渊以"心即理"为核心，创立"心学"，强调"自作主宰"，宣扬精神的能动性作用，其"修其本心、存心去欲"的思想学说独树一帜。

后人对这一思想学说进行了充实、发挥，明代王阳明发展其学说，在知与行的关系上提出了"知行合一并进"的观点，成为我国哲学史上著名的"陆王学派"，对我国理学产生深远影响。

质胜文则野

子曰："质①胜文则野②，文胜质则史。文质彬彬③，然后君子。"

子曰："人之生也直，罔④之生也幸而免。"

子曰："知之者不如好之者，好之者不如乐之者。"

子曰："中人以上，可以语上也；中人以下，不可以语上也。"

【注释】

①质：朴实、自然，无修饰的。

②野：此处指粗鲁、鄙野，缺乏文采。

③彬彬：指文与质的配合很恰当。

④罔：诬罔不直的人。

【解释】

孔子说："质朴多于文采，就像个乡下人，流于粗俗：文采多于质朴，就流于虚伪、浮夸。只有质朴和文采配合恰当，才是个君子。"

孔子说："一个人的生存是由于正直，而不正直的人也能生存，那只是他侥幸避免了灾祸。"

孔子说："懂得它的人，不如爱好它的人；爱好它的人，又不如以它为乐的人。"

孔子说："具有中等以上才智的人，可以给他讲授高深的学问，在中等水平以下的人，不可以给他讲高深的学问。"

【故事】

孔子师徒要马

传说孔子在周游列国的时候，有一天，天将近中午的时候，孔子和他的弟子们又困又乏，就在路边的树荫下休息。孔子和弟子们又开始谈诗论道，谁也没有注意到他们的马饿急了，挣脱缰绳，跑到旁边的田地里啃起了庄稼。

等到孔子他们要启程时才发现马没有了。这时，马已经啃倒了一大片庄稼。农夫发现后，便将马牵走了。

子路自告奋勇前去要马。他用手一指，大声喝道："小子，你凭什么把我们的马牵过去？快还给我们。"说话间，子路瞪眼握拳，农夫挥起锄头，两个人就要打架。

子贡见了，便急忙跑去，向农夫作了个揖，不停地道歉，长篇大论地和农夫讲道理，可是农夫根本就不听。

这时孔子让跟车的马夫去。马夫走过去说："大哥，我的马拉车至此，快要饿死了，你的地是如此宽广，我的马怎么能不吃你的庄稼呢？"那个农夫听了高兴地解开缰绳，把马交给了马夫。

孔子含笑登车，对垂头丧气的子贡说："你虽然口才出众，辩才过人，但你那都是应酬王公贵族的，对于粗野质朴的农夫，你就是外行了。"

诚实为官的李固言

唐代儒生以文化和思想的传承与创新为己任，继承和发展了先秦时期对诚信之德的阐释。他们不仅自觉地将诚信视为士大夫必备的道德操守，并将其作为为人处世的基本准则。唐代儒生以诚交友、诚信为官现象比较普遍。唐代中期的儒生李固言就是其中之一。

李固言出身低微，自幼勤奋好学。他为人又忠厚老实，有一年去参加京试住在表亲柳家。柳家的表兄弟们和他闹着玩，偷着写了"此处有屋出租"的字条贴在李固言的头巾上。李固言自己一点不知道被兄弟们贴了纸条，他出门时，看见的人都偷着笑。

在当时，来京城考试的举子为求登科，有"行卷"之说，即将自己的佳作呈教于达官贵人，求他们赏识，提高声誉，以便中第。李固言想拿自己的文章去求教人，就跟柳氏兄弟商量。柳氏兄弟就带他到一个地位比较低的官员许孟容的住地，让李固言进去求见。

许孟容说："我是个闲官，没能力帮你。但是，你的心意，我记在心里。"许孟容又看到李固言头巾上的纸条，知道他忠厚，是被同龄人取笑了。

后来，许孟容升了官，当了科举考试的主考官，李固言参加考试。许孟容原来就知道李固言忠厚，现在又见他的文章不但文笔流畅，而且见解独到，就把李固言选为科举考试的状元。

李固言任华州刺史时，严惩奸吏，打击地方豪强。他处事认真不谋私利，不为亲友谋官。为政不计亲疏，主张任人唯贤。任河中节度使期间，也积极革除弊政。

李固言有口吃的毛病，平常不善言辞，然而每每议事论政则头头是道，很有条理。

唐文宗李昂执政时期李固言在朝廷做官。当时身处牛李两党争斗之中，他既要明哲保身，又要与邪恶势力争夺实属不易。

牛党头面人物李宗闵、牛僧孺等大都是科举正途出身，对新进士特别重视，而李固言又是赵郡李姓的世家子弟，与李党代表人物李德裕同宗。因此，他既是牛党拉拢的对象，又是李党乐于接纳的对象。

李固言身在朝廷仍然保持自己诚实耿直的本性，不像其他官员处事那么圆滑。他心里怎么想的就怎么说，从不做不诚实的事情。有一次，唐文宗让李固言颁布诏书，内容是让降职的官员王堪去做太子的宾客，辅佐太子。可是李固言手捧诏书，站立不动。

皇帝觉得很奇怪，就问他："爱卿，你还有什么事吗？"

李固言思虑说："陛下，臣以为此事有些不妥。"

唐文宗很不高兴地说："有何不妥！事情已经决定了，你宣读诏书就是了。"

李固言仍然没有宣读诏书，他想如实地对皇帝说出自己的想法，但本来就有些口吃，一着急，不知怎样表达自己的意见才好。

唐文宗看李固言仍不肯宣读诏书，就自己生气地离开了朝堂。

李固言回去后，写了一份奏折给皇上，意思说，太子是未来的接班人，应该由有贤德的大臣陪伴，被降职的大臣不适合做太子宾客。

皇上看了，觉得很有道理，就把王堪改任了。

还有一次，群臣议事，唐文宗皇帝突然问文武百官："朕听说有些州县官员不称职，这事是真的吗？"

众大臣不知皇上心里想的是什么，又怕得罪人。虽然知道确实有些州县员不称职，但是没人敢说。有的说没有，有的说这是谣传，有的则低头不说话。这时，李固言站出来说："启禀圣上，臣得知确有此事，而且邓州刺史李堪，随州刺史郑襄尤其不称职。"

李堪是朝中大臣郑覃举荐的，郑覃怕李堪的失职对自己不利，就马上站出来辩解："微臣了解李堪的为人。再说管理那么多事情，有些疏忽是难免的。"

李固言还想说话，但是唐文宗把话题引开了，谈起别的事来。

其实，唐文宗知道李固言是个诚实人，不会胡说，是郑覃怕受责备才巧言狡辩。可是他怕朝臣之间闹矛盾，不利于国家，就没再追问下去。李固言的诚实却记在了唐文宗的脑子里，不久就提拔了李固言，让他做尚书右丞。

诚实的李固言靠自己的功绩连连高升，后为太子少师、东都留守、太子太傅。他出将入相，历任四朝，去世后被追赠为太尉。

李沆行事光明磊落

古代诚信知报思想发展至宋代，随着北宋理学的开创，促进了儒家诚信知报伦理道德的新发展，在社会生活的方方面面产生了极大影响。而北宋真宗时的李沆，在做人之道和为政之道方面光明磊落，说真话，做实事，不虚伪，体现了真实不欺的美德，堪称这一时期的典型人物。

李沆是宋真宗赵恒最早的宰相之一。他在宋太宗赵匡义时就得到了重视，宋太宗称"李沆风度端凝，真贵人也"。

李沆是很受宋真宗信任的一位大臣，常常有机会单独和皇帝讨论国家大事，但是他从来没有向皇帝报告过其他人的隐私。他在皇帝面前怎么说，在朝廷上照样也怎么说，从没做过当面一套，背后一套的事情。

有一回，李沆和另一位大臣发生了意见分歧，起因是对一位官员的处罚问题。这个官员在宋朝与西夏国的战争中，未能将粮草及时运到军中，按军令该斩。李沆听说后，对事情做了一番调查，认为应该免这人的死罪。

李沆在朝廷上据理力争，他说："此人失职的真正原因是有人故意延误发粮时间嫁祸于他。就算他有一定的责任也不该判死罪，何况此人很有才干，而且一向勤勉谨慎，功大于过，杀了他是国家的一大损失。"

另一位大臣却认为："无论责任大小都应该斩首，这样才能严明法纪，警示他人。"

李沆和这位大臣各抒己见，争得面红耳赤，谁也没能说服谁，只好把此事送交刑部再去研究。

同李沆争论的这位大臣平时就对李沆不满。经过这次争论之后，他更是怀恨在心，认为李沆是故意和自己过不去。

这位大臣为了报复，就派人四处散布说："李沆和犯罪的官员有交情，所以徇私枉法，包庇坏人。"他还暗地里向宋真宗告了一状，说李沆不仅目

无朝廷法纪，而且一向独断专行，连皇上的话也不怎么听。

与此同时，李沆忙于公务，早把争论的事忘记了。所以，尽管朝中议论纷纷，他却根本不知道。后来，有人提醒他防备暗算。他听后笑了笑说："我诚实办事，诚实对人。既然问心无愧，怕什么暗算！"

再说宋真宗，他对李沆的人品还是比较了解和信任的。听了那位大臣

的密报之后，他半信半疑，很想听听李沆这一方面的意见。这天下朝之后，他吩咐太监把李沆叫到偏殿。

李沆来到以后，宋真宗身着便装，神态安闲地叫李沆坐下，还叫太监上茶。李沆知道皇上又要单独和他谈论政事，心情也轻松下来。果然，宋真宗同他谈起近来边防上的战事。说着说着，宋真宗话锋一转，突然问起对那个官员的处罚来。

李沆没有准备，愣了一下，说道："此事臣已经有详细的奏报送上来。陛下还没有看过吗？"

宋真宗不动声色地说："朕只是想亲自听听你的陈述。"

李沆把自己的意见讲了一遍，然后又强调了这人的才干，说眼下正是国家用人之际，应该给他一个将功补过的机会。李沆陈述完，见宋真宗似乎还想听下去，便问道："陛下还有什么想了解的吗？"

这一问倒把宋真宗问得愣了一下，他说："你的意见都讲完了吗？是否还有什么不便说的，尽管说吧！"

李沆答道："臣的想法都说了，此事就请陛下裁断吧！"

宋真宗沉吟了一下，说道："你看某某这人怎么样？"宋真宗指的就是那个告李沆状的大臣。

李沆认真地答道："此公有宰相之才，唯有一点缺憾，就是气量狭窄。但还算是一位称职的大臣。"

宋真宗说："好吧，那你先回去吧，那件事待朕再斟酌一下。"

李沆刚起身要走，宋真宗忽然又问了一句："其他大臣都曾向朕密奏过事情，你为何从没有过密奏呢？"

李沆答道："臣以为我身为朝廷大臣，所做的都是朝廷上的公事。既然是公事为何不能公开在朝堂上讲而要密奏呢？凡是需要密奏的事情，我看除了为国家除掉谋反的奸臣之外，大都有不可告人的动机。臣一向反对这样的行为，怎么敢学着去做呢？"

宋真宗听后没说什么，挥挥手让李沆退下。

李沆走后，宋真宗站在那里，沉思一会。他想：像李沆这样一个诚实正派的人，是决不会徇私枉法的。看来，我对那些打秘密报告的人倒是要警惕一下呢！

在封建时代，皇帝周围的大臣在奏报公事之外，往往还要私下里向皇帝秘密报告一些事情。从皇帝方面来说，是想通过这些秘密报告掌握宫内外的一切动态，监视大臣们平时的言行和人品；从大臣们的方面来说，这样做除了可以打击自己的政敌，达到自己的政治目的以外，还能够以此来赢得皇帝的信任和宠幸。

这些秘密报告的内容一般都是别人私下里的言谈举动。它们有时能够起到揭露阴谋、打击权贵的正面作用，但在更多的情况下，却成了陷害他人，抬高自己的一种手段。

李沆从不做密奏这件事，而且能够以诚实之心，光明正大，泰然处之。宋真宗更加信任和依靠他了。

李沆秉性亮直，内行修谨。由于他器度宏远，能识大体，被时人称为"圣相"。

晏殊的诚实与正直

北宋时期对诚信思想的发展，除了在宰相李沆身上有很好的体现外，另一位宰相晏殊也是这一时期的典型。晏殊是北宋时期抚州临川文港乡人，素以诚实著称。

晏殊小时候就诚实、正直，并且聪明过人，7 岁能作文。14 岁时，被江南安抚使张知白当作"神童"推荐给宋真宗赵恒。1005 年，晏殊来到京城，与来自全国各地的3100多名举人同时入殿参加考试。晏殊本可以直接由皇上面试，但他执意要参加科举会考。他认为只有会考所反映出的成绩，才算是自己的真实才学。

主考官同意了晏殊的要求，决定让他同其他举人一起会考。在考场上，晏殊非常地沉着冷静，卷子答得又快又好，受到了宋真宗的赞许，赏他"同进士出身"的称号。

第二天又复试，题目是《诗赋论》。晏殊看见题目，发现考题是自己曾经练习写过的。于是，他毫不犹豫地向主考官说明实情："考官大人，这个题目我曾经练习写过，请另外出一个题目给我做吧！"

主考官不以为然，以为晏殊多事，就说："做过的题目也不要紧，你写出来，如果做得好，也可录取。再说，另外换个题目，万一做不好，就要落第，你要三思而行。"

晏殊似乎已经深思熟虑了，他说："不换题目，即使考中了，也不是我的真才实学；换了做不好，说明我学问还不够，我不会有一句怨言的。"

考官听了，同意给晏殊另外再出一个题目。

晏殊拿到新题目以后，反复看了看，思考了一会儿，就拿起笔来一气呵成。考官惊呆了，觉得此人文思敏捷，真乃奇才。晏殊要求重新出题的诚实行为，而且真真实实地"考"出了自己的水平，受到人们的敬重，不仅在考生中传开，也传到了宋真宗那里。

宋真宗马上召见了晏殊，称赞说："你不仅有真才实学，更重要的是，具有诚实不欺的好品质！"

晏殊遇上自己熟悉的考题，原本可以轻松答出，在3000多举人中一举成名，却请求另给题目，是晏殊傻吗？不，因为他诚实，更因为他相信自己的真才实学。宋真宗也正是因为如此，所以就特别喜欢他，并破格任用为翰林。

晏殊初出茅庐当职时，正值天下太平，京城的大小官员便经常到郊外游玩，或在城内的酒楼茶馆举行各种宴会。晏殊家贫，无钱出去吃喝玩乐，只好在家里和兄弟们读写文章。

有一天，宋真宗要为太子挑选老师，但不叫大臣推荐，自己直接点名要晏殊担任。大臣们很惊讶。宋真宗说："我听说晏殊常闭门读书不参加各种宴会，这是一个忠厚谨慎的人，放在太子身边最合适。"

晏殊拜见皇帝谢恩时解释说："我不是不愿游玩，不愿参加宴会，因为我家贫穷办不到。我要是有钱，也是会去的。"宋真宗见晏殊如此肯讲实话，对他特别赞赏，更加信任他，眷宠日深。

晏殊以难能可贵的坦率诚实品格，在皇帝和群臣面前树立了信誉。宋仁宗赵祯登位后，晏殊得以大用，官至宰相。晏殊做了宰相，也没有矫揉造作，很得百姓拥戴。

晏殊虽多年身居要位，却平易近人。他唯贤是举，范仲淹、孔道辅、王安石等均出自其门下；韩琦、富弼、欧阳修等皆经他栽培、荐引，都得到重用。晏殊诚恳地对待每一位学子。

有一次，晏殊路过扬州，在城里走累了，就与随从进大明寺休息。晏殊进了庙里，看见墙上写了好些题诗。他挺感兴趣，就找把椅子坐下。然后，让随从给他念墙上的诗，可不许念出题诗人的名字和身份。

晏殊听了会儿，觉得有一首诗写得挺不错，就问："哪位写的？"随从说叫王琪。晏殊就叫人去找这个王琪。

王琪被找来了，拜见了晏殊。晏殊跟他一聊，挺谈得来，就高兴地请他吃饭。俩人吃完饭，一起到后花园去散步。这会儿正是晚春时候，满地都是落花。一阵小风吹过，花瓣一团团地随风飘舞，好看极了。

晏殊看了，猛地触动了自己的心事，不由得对王琪说："王先生，我每想出个好句子，就写在墙上，再琢磨下句。可有个句子，我想了好几年，也没琢磨出个好下句。"

王琪连忙问："请大人说说是个什么句子？"

晏殊就念了一句："无可奈何花落去。"

王琪听了，马上就说："您干吗不对'似曾相识燕归来？'"这句的意思是说，天气转暖，燕子从南方飞回来，这些燕子好像去年见过面。晏殊一听，拍手叫好，连声说："妙，妙，太妙了！"

晏殊对这两句非常喜欢，他写过一首词《浣溪沙》，里边就用上了这副联语：

> 一曲新词酒一杯，去年天气旧亭台。
>
> 夕阳西下几时回，无可奈何花落去。
>
> 似曾相识燕归来，小园香径独徘徊。

晏殊对王琪很赞赏，回到京都后向宋仁宗推荐，得到宋仁宗认可，就调王琪入京城。王琪先任馆阁校勘，后又担任许多其他重要职务。晏殊在北宋文坛赫赫有名，这和他的诚实和才气有密切关系。

知者乐水，仁者乐山

樊迟问知，子曰："务民之义，敬鬼神而远之，可谓知矣。"问仁，曰："仁者先难而后获，可谓仁矣。"

子曰："知者乐水，仁者乐山①。知者动，仁者静。知者乐，仁者寿。"

子曰："齐一变，至于鲁；鲁一变，至于道。"

子曰："觚②不觚，觚哉！觚哉！"

【注释】

①知者乐水，仁者乐山：知同"智"；乐，喜爱的意思。

②觚：古代盛酒的器具，上圆下方，有棱，容量约有二升。后来觚被改变了，所以孔子认为觚不像觚。

【解释】

樊迟问孔子怎样才算是智，孔子说："专心致力于让百姓遵从'义'的要求，尊敬鬼神但要远离它，就可以说是智了。"樊迟又问怎样才是仁，孔子说："仁人对难做的事，做在人前面，有收获的结果，他要在人后，这可以说是仁了。"

孔子说："聪明人喜爱水，有仁德者喜爱山。聪明人活动，仁德者沉静。聪明人快乐，有仁德者长寿。"

孔子说："齐国一改变，可以达到鲁国这个样子，鲁国一改变，就可以达到先王之道了。"孔子说："觚不像觚了，这也算是觚吗？这也算是觚吗？"

【故事】

千古一相李斯

李斯年轻时曾在楚国做过郡掌管文书的小吏，后来离开楚国，到当时学术气氛最浓的齐国投拜荀子为师，学习"帝王之术"。由于他读书认真，钻研精神很强，学业优良，成绩突出，所以很得老师荀子的赏识。

李斯学成之后，先投在秦国吕不韦的门下做舍人，后来为秦王政所赏识，提拔他做长史。

李斯为秦王政出谋划策，建议秦王政派人持金玉珍宝出使各国，以便游说、收买、贿赂、离间六国的君臣，达到各个击破，逐一吞并的目的。秦王政采纳并实施了李斯的策略，收到了很好的效果。

于是，秦王政重用李斯，提拔他为客卿。

正当李斯在仕途上一帆风顺，积极为秦消灭六国，统一天下，出谋献策，施展才华之际，六国中的一些有识之士也并不示弱，他们纷纷给自己的国王献计献策，或以武力对抗，或派出间谍到秦国，采取各种方法削弱秦的力量。

李斯中了反间计，秦王政就下了一道逐客令，准备撵走身边的一些谋士。李斯也在被逐之列。

李斯有抱负，有智慧，也敢作敢为。

他不怕犯颜获罪，直接给秦王政写了一封信，劝秦王政不要逐客，这就

是著名的《谏逐客书》。

《谏逐客书》实际上是李斯贡献给秦王政的一份广招贤才强国，进而消灭六国统一天下的政见谋略书。

秦王政是个有雄才大略的人，他看了李斯的《谏逐客书》后，明辨是非，果断地采纳了李斯的建议，立即取消了逐客令，再次重用李斯，提拔他为廷尉。

同时，秦王政招揽了一大批贤将良才。如史书上著名的王崎、茅焦、尉缭、王翦、王贲、李信、王离、蒙恬等都是来自别国的客卿，他们在秦统一天下的事业中发挥了重要的作用。

李斯为秦王政消灭六国、统一天下出谋献策，做出了很大贡献。秦朝统一天下后，秦王政做了始皇帝，称为秦始皇。李斯对统一后的秦帝国，如何巩固和加强中央集权统治，为秦始皇做了大量卓有成效的工作。

一是实行郡县制。

秦国统一六国后，李斯提出实行郡县制，由中央集权，加强统一，这样才能天下安宁。秦始皇于是发布诏令，把全国分为 36 个郡，郡下设县。

郡县制的确立，加强了统一的封建国家的中央集权，推进了历史的发展。

二是统一文字。

前 221 年，秦始皇接受李斯"书同文字"的建议，命令全国禁用各诸侯国留下的古文字，命李斯制作标准字样，即小篆。紧接着，为了推广新制的文字小篆，李斯亲做《仓颉篇》7 章，每 4 字为句，作为学习课本，供人临摹。

不久，李斯又采用秦代创造的一种书体，打破了篆书曲屈回环的形体结构，形成了隶书这一新的书体。从此，隶书便作为秦代官方正式书体。

三是统一度量衡。

李斯把度制以寸、尺、丈引为单位，采用十进制计数；量制则以合、升、斗、桶为单位，也采用十进制计算；衡制则以铢、两、斤、钧、石为单位，24 铢为 1 两，16 两为 1 斤，30 斤为 1 钧，4 钧为 1 石固定下来。

为了有效地统一制式、划一器具，李斯又从制度上和法律上采取措施，以保证度量衡的精确实施。

四是修驰道、车同轨。

李斯以京师咸阳为中心，陆续修建了两条驰道，一条向东通到过去的燕、齐地区，一条向南，直达吴楚旧地。这种驰道路基坚固，宽 50 步，道旁每隔三丈种青松一棵。

后又修筑"直道"，由九原郡直达咸阳，全长 900 千米。又在今云南、贵州地区修筑"五尺道"，以便利中原和西南地区的交通。在湖南、江西一带，修筑攀越五岭的"新道"，便利通向两个地区的交通。

就这样，一个以咸阳为中心的四通八达的交通网把全国各地联系在一起。同时，为与道路配套，李斯还规定车轨的统一宽度为 6 尺，以此保证车辆的畅行无阻。

五是统一货币。

在李斯的主持下，货币规定了以黄金为上币，以镒为单位，每镒重 24 两，以铜半两钱为下币，1 万铜钱折合 1 镒黄金。并严令珠玉、龟、贝、银、锡之类作为装饰品和宝藏，不得当作货币流通。

同时，规定货币的铸造权归国家所有，私人不得铸币，违者定罪等。李斯此举被后人认为是经济史上的一个创举。"秦半两"因其造型设计合理，使用携带方便，一直使用至清朝末年。

至此，李斯在他辅佐秦始皇匡扶天下的过程当中，完成了他最后一个使命。

知者乐水，仁者乐山

前 208 年，李斯因为在秦始皇驾崩后与宦官赵高合谋立少子胡亥为二世皇帝，后为赵高所忌，被腰斩于市。

纵观李斯在秦统一天下前后的作为，几乎每干一件大事都能产生影响千年的效果，并影响后代。我国几千年的历史当中，名相重臣比比皆是，但大多不过功在当朝，时过则境迁，相比之下，李斯可以说是建立了累世之功。

变法革新的商鞅

商鞅是卫国王室中人，他年轻时就喜欢钻研以法治国的学问，但因为是庶出身份，一直未得到重用。

后来，秦国的新君秦孝公即位后，宣布了一道命令：不论是秦国人或者外来的客人，谁要是能想办法使秦国富强起来的，就封他做大官。

秦孝公这样一号召，果然吸引了不少有才干的人。商鞅在卫国得不到重用，就到了秦国，并受到秦孝公的接见。

商鞅对秦孝公说："一个国家要富强，必须注意农业，奖励将士。要打算把国家治好，必须有赏有罚。有赏有罚，朝廷有了威信，一切改革也就容易进行了。"

秦孝公完全同意商鞅的主张，就拜商鞅为左庶长。秦孝公还说："从今天起，改革制度的事，就全由左庶长来决定。"

前 356 年，商鞅实行了第一次变法。这次变法包括以下内容：

一是颁布法律，制定连坐法。

商鞅把李悝制定的《法经》带到了秦国，加以公布实行。并把"法"改为"律"，增加了连坐法，从而把秦献公的时候实行的什伍制变成相互监督纠发的连坐制。

二是奖励军功。

商鞅规定国家的爵位按将士在战场上斩获敌人首级的多少来计算。斩得敌人甲士首级一颗的，赏给爵一级。如升至第十级"五大夫"时，赏赐给300户人家的税地。爵位在五大夫以上，除享有600户人家的租税供他食用外，还有权收养宾客。

同时规定，没有军功不能获得爵位，即不能靠出身就获得爵位，享受特权。这就严重打击了旧贵族的势力。

三是发展农业生产。

商鞅规定：凡是一家有两个以上的成年男子，必须分家，各立户头，否则就要出加倍的赋税和劳役，以巩固和发展封建生产关系。把大家庭分割成小家庭，成为户头的成年男子就不能再在大家庭的掩护下，游手好闲。

另外，商鞅招徕地少人多的韩、赵、魏三国百姓来秦国垦荒，为此他制定优待"徕民"的政策。

四是建立郡县制。

由国君直接派官吏治理，以加强中央集权。商鞅的第一次变法，使秦国的农业生产增加了，军事力量也强大了。由于第一次变法的成功，商鞅由左庶长升为大良造。

前350年，商鞅实行了第二次改革。这次变法包括以下内容：

一是废井田，开阡陌。秦国把这些宽阔的阡陌铲平，也种上庄稼，还把以前作为划分疆界用

的土堆、荒地、树林、沟地等，也开垦起来。谁开垦荒地，就归谁所有。土地可以买卖。

二是建立县的组织。把市镇和乡村合并起来，组织成县，由国家派官吏直接管理。这样，中央政权的权力更集中了。

三是迁都咸阳。为了便于向东发展，把国都从原来的雍城迁移到渭河北面的咸阳。

秦国通过商鞅的两次变法，变得越来越富强了。周天子打发使者送祭肉来给秦孝公，封他为方伯，中原的诸侯国也纷纷向秦国道贺。

商鞅不仅有突出的政治才干，还在军事上进行变法。实行军功爵制度，严肃军纪，实行什伍制度，废除了世卿世禄制，提高了军队战斗力。

商鞅变法对秦国产生了巨大的响应。通过变法，不仅培养了一支有战斗力的军队，为国家实力提供了保证，还用法律的形式从根本上确立了封建土地私有制，提高了人民的生产积极性。这些变法措施，对后来秦的统一和秦始皇的政策影响深远。

西门豹做邺县令治恶

魏文侯的时候，西门豹做邺县令。他了解到邺地的三老、豪绅常年向百姓征收赋税，一部分说为"河神"娶媳妇，剩下的再同庙祝、巫婆一同瓜分。而贫苦人家的女儿，被迫放到河中漂流沉没。

又到了为"河神"娶媳妇的那天，西门豹到河边见三老、官吏、豪绅、巫婆以及乡间的父老们都到了。

西门豹说："叫'河神'的媳妇过来，看看美不美。"巫婆们就将新娘从帐子里扶出。西门豹看了看说："这个女孩不美，烦劳大巫婆到河中报告'河神'，需要换一个漂亮的，后天送她来。"就让士兵抱起大巫婆投进河里。

过了一会儿，西门豹说："大巫婆怎么还不回来呢？徒弟去催促她一下。"就这样总共投进河里3个徒弟。接着又把三老投进河里。

等了好长时间，西门豹说："巫婆、三老不回来，怎么办？"这时豪绅们都跪在地上磕头，把头都磕破了。西门豹说："起来吧。看情景'河神'留客太久了，你们都离开这里回家吧。"邺县的官吏，从此以后，不敢再说替河神娶媳妇了。

后来西门豹开凿渠道，浇灌农田，农田都得到灌溉，百姓因此富裕起来。所以西门豹做邺县令，名闻天下，恩德流传后世。

18 岁做《铜雀台赋》

曹植，字子建，生于东汉末年，是三国时代魏国诗人，在古代文学史上非常著名。天资聪颖，10多岁能够写辞赋。

曹植天资聪颖，刚过10岁就已读了几十万字的诗赋文章，能够大段大段地背诵出来。再长大一些，就陆续写出了十几万字的辞赋，不但情真意切，而且词采华茂，受到当时文人学士的盛赞，认为这位早慧的小才子的文学才华已经超过了比他大5岁的哥哥曹丕（曹丕也是有名的文学家）。

他的父亲曹操，不但是政治家、军事家，也是著名诗人。听别人在他面前夸奖曹植，就命儿子把平日写的诗文拿几篇来看一看。

曹植立刻选了一些诗文送给父亲，曹操看后大为惊奇，觉得别人说儿子文思敏捷、出口成章以至许多赞美的话，都不是信口开河，更不是为了当面讨好他才说的场面话。

可是，儿子年龄还小，能写出这样好的诗文吗？曹操有些怀疑，把曹植叫来，问他这些诗文的作者到底是谁，是否确是自己所写。曹植坦然地说："儿子写诗作文，从来是抒自己所感，写个人所思。别人的思想感情，跟儿子有什么关系呢？儿子决不会把别人的诗文当作自己的，请父王放心！"

曹植见父亲还没有完全消除怀疑，便诚恳地说：

"如果父王不信，不妨面度！"

曹操听罢，笑了一笑，不置可否。

后来，曹操命人建造的铜雀台落成了。这个铜雀台，是曹操用来作为文人聚会、饮酒赋诗的场所。曹操这时想趁机考一下曹植，而且想同时考考几个儿子的文才。在举行落成典礼那一天，他率领文武官员登台观赏，要儿子们也全部到场。

曹操对儿子们说："今日铜雀台落成，你们每人各作一篇赋，庆贺一番如何？"

当几个兄弟还在苦苦思索时，曹植很快就写出一篇《铜雀台赋》呈给父亲，使兄弟们都自愧不如。曹操读了这篇新作，进一步证实曹植才思敏捷，从此就另眼看待了。

虽然，铜雀台面试是曹植 18 岁时的事，但如果他不是童年早慧，打下良好的基础，怎么能比过兄弟们呢？

胡光墉经商先义后利

在清代，随着社会经济的进一步发展，商业活动越来越频繁，人们不再像以往一样单纯地轻"利"，甚至认为"义"也是"利"，而且是一种长远的、更大的利。这种宏阔视野下的清醒认识，在清代晚期著名徽商胡光墉身上体现得最为鲜明。

胡光墉，徽州绩溪人。因为他拥有一颗大义之心，做到了"先义后利"，所以在我国历史上被称为"一代商圣"。

胡光墉首先以国家大义为先，他认为，作为一个商人，如果只想着为自己赚几个钱是成就不了大事业的。只有国家安定，商人才可能做生意。因此，他利用自己的财富帮助左宗棠为国家和民族做了很多好事。

胡光墉向左宗棠提出买洋枪洋炮的建议，左宗棠听后开始并不认同。但胡光墉确信，自己的建议是对国家有利的，是能够帮助左宗棠的；而且他认定左宗棠是一个为国家尽忠效力的大将，自己帮助左宗棠做事，就是在给国家效力。因此，胡光墉坚持了这个建议。左宗棠后来让胡光墉负责采运。

凭借办洋务的精明，胡光墉来往于这些洋行之间，精心选择，讨价还价，大批军火得以转运西北，仅1875年在兰州就存有从上海运来的来复枪"万数千枝"。这些洋枪洋炮，在左宗棠后来收复新疆的过程中，发挥了重要作用，"得力于枪炮者居多"。

左宗棠对于胡光墉在上海的采运给予了充分肯定。他在一份奏折中，竭力主张对胡光墉进行叙功奖赏，要求破例给胡光墉赏穿黄马褂以示恩宠。清代朝廷经过一番议叙，批准了左宗棠的请求。

胡光墉还替左宗棠筹措军饷。在当时，清代朝廷国库不宽裕，打仗要花很多钱，很多时候，都是胡光墉支援。胡光墉还替左宗棠买粮食，买马料，而且他很早就已经介入药业，但不是为了做生意，而是为了保证左宗棠效力国家。

在当时，胡光墉发现左宗棠的部队一出征，士兵就水土不服，发生疾病，于是主动跟左宗棠讲，自己要开个药厂，就叫"雪记"，因为他的字叫雪岩，专做部队所需的药，而且是白送给部队，不要一分钱。

左宗棠很感动，但也很不明白，就问道："这样一来，你不是亏了吗？"

胡光墉说："亏就亏了，有亏才有赚，有赚才有亏。"

胡光墉不是说白话，而是说到做到。他不但长期给左宗棠的部队供应药品，而且还施给老百姓，因此，他的名声就很好。后来雪记药厂演变成为胡庆余堂，并使得胡光墉一生留名。

胡光墉最了不起的大义之举，就是帮助左宗棠平定了疆乱。当时在外国势力的操纵下，一个叫阿古柏的酋长起兵叛变，要把新疆独立出去，左宗棠力主出兵平定叛乱，收复新疆。

当时国库空虚，无力打仗，慈禧太后同意左宗棠出兵新疆，但军费要先自己解决。在这种情况下，胡光墉以自己的钱庄做担保，再次向外国银行贷了一笔巨款，全力帮助左宗棠，最后终于收复了新疆。

左宗棠由于胡光墉的帮助，成功收复新疆，再次上奏清代朝廷给胡光墉请功。清代朝廷封胡光墉布政使衔，从二品文官顶戴用珊瑚，赏穿黄马褂。人称"红顶商人"。

胡光墉通过帮助左宗棠来替国家做事，而在帮助左宗棠的同时，也发展了自己的事业。这就是说，他成功的关键是先想到义，然后才想到利。

胡光墉不仅以国家大义为先，也将诚信视为商人的必须坚守的义德。他经商讲究诚信，能够从朋友的角度出发，"上半夜想想自己，下半夜想想别人"，绝不做损人利己之事。

有一次，一个人神气活现地来到了胡光墉的当铺，对着伙计喊道："哎，叫你们老板出来，我有最好的东西要寄在你们这里，我这是商代的古董，可能连你们老板都没见过。"

伙计拿过去一看，真的是很少见，看来看去就觉得真的是商代的古董，于是就问当多少钱。那人一口咬定 300 两，否则他就去别的当铺去当。伙计赶紧给了他 300 两银子。

那人临走还说："今天是因为急用，才当这么少，否则 1000 两我也不当！"

事后，伙计越想越不对，于是就请了很多人来看，人们看了都说是假的。这个伙计就向胡光墉报告自己的过错。

胡光墉说："没有关系，人总会出错，错就错了，没什么大不了。"他停顿了一会说，"这样吧，你给我开 10 桌，把我们这里的名流士绅，有钱人都请来吃饭，告诉他们我们有一个商代的很珍贵的古董要给他们欣赏。"

伙计忍不住问："我们上当了，还要别人上当吗？"意思就是我们被骗了，还要骗别人吗？要讲良心。

胡光墉板起脸来，说道："你跟我这么久，还不知道我的为人。"

伙计不敢再说，只好照办。

宴请的那天，大家都来了，兴致很高，边吃边等着看古董。只见一个职员小心翼翼地从二楼捧了一个古董下来，走到一半，失足摔了一跤，那个珍贵的古董当场就打破了。

所有的人都叹息："好可惜啊，这么珍贵的古董，为了给我们看，居然摔破了。"

胡光墉说："没有关系，这是我们不对，让大家没的可看，大家吃完好走，回去休息。"

这个消息很快就传了出去，传到了那个当东西的人耳朵里，他就拿了300 两银子，找上门来说："我现在还你钱，你把东西给我。你要是拿不出，今天没有 1000 两，不要想能够了结。"

胡光墉二话不说，先让人验收了银子，然后吩咐人把那个古董拿了出来，交给了那人。那个人整个脸都变色了，一直说"怎么会这样！？"

胡光墉告诉他："我摔破的那个比你的还假。"

那个人马上灰溜溜地跑掉了。

还有一次，胡庆余堂的紧俏药"虎骨追风膏"断货了，于是，经理余修初就找到专管药材的邹文昌问清原因。

邹文昌说："'虎骨追风膏'的主要原材料是虎骨，而虎骨现在又断货，所以，我建议用豹骨代替虎骨。"

余修初一听，坚决反对，他说："这怎么行呢？你这不是想砸了胡庆余堂这块招牌吗？"

邹文昌说："做生意嘛，要懂得变通，我们用豹骨代替，先满足一下市场等虎骨一到，马上就换用虎骨。"接着，拿出胡庆余堂的信誉来威胁余修初说，"不然别人会把咱们胡庆余堂看扁的。"

见余修初的思想有一点儿动摇了，邹文昌趁热打铁道："豹骨的药效也差不到哪里去，一般人是看不出来的，只有你知我知，别人绝对不知道。"

听他这么一说，余修初也动摇了，于是邹文昌趁机生产出了假的"虎骨追风膏"。

胡光墉知道此事后，非常气愤，认为邹文昌伤害到了胡庆余堂的声誉，决定严肃处理。胡光墉把店里的所有人都叫到大厅，当众辞退了邹文昌。并当场写下了"戒欺"堂训，还在店里挂了一些条幅，诸如"药业关系性命，尤为万不可欺"、"采办务真，修制务精"等。因为"戒欺"的堂训，胡庆余堂的伙计以后再也不敢有一点点的欺骗行为了。

后来，胡光墉还将自己在胡庆余堂的办公室取名为"耕心草堂"。其用意十分明显：田要耕，地要耕，心田更要耕，只有常耕心田，邪念、欺骗这些杂草才不会滋生，才能做一个堂堂正正的商人。

经过多年的发展，胡庆余堂成了名闻天下的老字号药店。民间一直有"北有同仁堂、南有胡庆余堂"之说，它与北京的百年老字号"同仁堂"南北交相辉映，深受广大顾客的信赖。胡光墉本人也因此赢得了"江南药王"的美誉。

时至今日，胡光墉所制订的这些经营规则，仍被胡庆余堂的后继经营者们认真遵守。而胡庆余堂"戒欺"的堂训，还被现今的国药界誉为药业座右铭。

胡光墉以义取利，重视长远之利，既体现了他对我国传统伦理原则的恪守，又反映出他对"义""利"辩证关系的深刻领悟和具体把握，从而赢得了广阔的市场和弥久不衰的声名。

游福明以信义立天地

清代江西南昌县人游福明，同样是一个重义之人。他见富者不羡慕，只知安贫乐道，坚守信义规矩，最后获得了巨大成功。

游福明的父亲叫游昌，母亲吴氏，上无兄姊，下无弟妹。他们家境清苦，但是，一家三口从不怨天尤人。父亲在离家不远的李家庄给李员外做长工。游福明也很勤劳，上山捡拾树枝回家当作燃料，艰辛勉强可以平安度日。

清代道光年间，游福明 10 岁那年，母亲因染风寒，竟是一病难支。游福明立刻前往李家庄告知父亲，并向李员外借贷白银 5 两，回来后替母亲找大夫医治。

哪知全部银两花光，母亲未见起色，最后病入膏肓，离开了人世。

游昌见老伴病故，内心悲痛不已。为了安葬故人，父子两人决定再向李员外借贷。但是李员外顾忌他们无力偿还，就只取出 10 两纹银。

游福明见区区银两不足葬母，就"扑通"一声跪在地上，叩求李员外能大发慈悲，援手相助，并且说："我可到员外家为奴，补偿还债。"

李员外见游福明孝子诚心，最后答应借钱。父子两人带着银两，急忙赶回办理后事。

游福明跪在亡母陵墓前，焚香祭告："不孝儿游福明须要依约到李员外家为奴，所以不能在母陵前守孝，乞求母亲见谅，因有约在先，不能无信，当须履行，否则有愧于心，祈请母亲免虑。不孝儿日后一定常来看望母亲。"

游福明与父亲双双进入李家庄为奴，抵偿债务，对10多岁的游福明实在是一件苦差事。李员外见状，心中同情，就让游福明专事看管庭院中之花草树木。

游福明哪敢稍有怠慢，每天辛勤照顾花木，而且细心研究如何能将庭中的名花异草培植得欣欣向荣。上天不负苦心人，在游福明专心照料之下，果然不负李员外之托，庭中百花齐放，万草碧绿，好像是一世外桃源。

李员外对游福明大加赞赏，常和人说："游福明小小年纪竟能如此用心，把分内之工作做得井然有序，而且又很勤奋，将来必定能成为有用之才，也必定能出人头地。"

由于对游福明非常信任，李员外就将李家庄账房之事托付在游福明一个人的身上，同时，也升游昌为李家庄的总管。

游福明此时已经 16 岁。李员外的信任，让他更加不敢怠慢，处理账目有条不紊，清清楚楚，绝不含糊，更不需李员外操心。有时受员外之命，到外收租，也从来不出差错，使得李家庄上下老少都对他刮目相看，也使得游福明因处事光明正大，身价抬高起来。

游福明接手账房事务不久，李员外身染重疾，卧病在床。虽延医诊治，服用名药，却难挽回性命，三个月后撒手人寰，与世长辞。

李家庄料理后事，完全由李夫人承担。此后每个人职位未变，各负其责。游福明掌管财物，从不因员外不在而有半点差错，同时更加兢兢业业地处理账目，每日晚间必定将当日进出账目，一五一十地向李夫人报告。

李夫人因丧夫悲痛，不久也随着李员外离世。游福明视之同自己的母亲，重礼葬之，为李夫人守孝 3 年，以为报答之恩。

此后，游福明更加谨慎处理李家所遗留下来的产业。

游家父子将李氏的产业处理得比李员外在世时更好，将开支后的所有结余，以李家庄的名义一直在从事慈善活动，以至于当地的县民只知有李善人，而不晓替人行善的游家父子。

游福明心想，受人之恩，不报者无以为人。因此，他为李善人建立一座祠堂，供乡里民众膜拜。

游福明自从替李员外多行善德，更处心积虑地筹谋地方慈善公益，不遗余力。其父也与游福明合力兴善，延寿至 93 岁方离人世。

父亲去世时，游福明已经 60 多岁了。他心想：李员外遗大片产业，自己今已年迈，应该设法将它做一件长远而且有意义的事业，方不至于辜负李员外的恩德。

游福明决定建一座寺院。他即刻召集庄内所有人员，到李家祠堂共商大计。

游福明把心中的构想提出来共议：将李员外所有财产分成 5 份，用 5 年时间建造寺院，拟不留任何产业，全部投资寺院。寺院建成后，庄内所有人员可以自愿在此清修，直至终老。他将建寺的蓝图布置于堂上，然后一一加以说明。众人一听，交口称赞，一切商议妥当。

这年春天动工兴建，寺院共分三落，前庭约百坪地，寺院建地的约 3 顷，并定名该寺为"天赦寺"。

天赦寺 5 年后竣工，游福明择日安座神佛，举办七七四十九天之圆满法会，同时延请当地悟尘法师为住持，主持事务。

游福明了却了凡间的一切杂务，专心悟道。他清修 30 余年后，96 岁那年去世。人们在天赦寺厢房，供立游昌、游福明父子二位的永久禄座。

儒家主张处世应该心存"仁、义、礼、智、信"大要。人无信不立。游福明为葬母，卖与李员外为奴，能坚守信诺，自始至终，永不背义，得世人效仿，也因坚信而流芳千古。

同时，父子能同守信义，实是难得。更何况李员外死后，父子更本初衷，不变其节，守诺到底，更为世人所效法。

博学于文，约之以礼

宰我问曰："仁者虽告之曰井有仁①焉，其从之也？"子曰："何为其然也？君子可逝②也，不可陷③也；可欺也，不可罔也。"

子曰："君子博学于文，约④之以礼，亦可以弗畔⑤矣夫！"

子见南子⑥，子路不说。夫子矢⑦之曰："予所否⑧者，天厌之！天厌之！"

【注释】

①仁：指人，是"人"的借字。

②逝：往。这里指到井边去看并设法救之。

③陷：陷入。

④约：解释为约束。

⑤畔：同"叛"。

⑥南子：卫国灵公的夫人。

⑦矢：同"誓"，此处讲发誓。

⑧否：不对，不是，指做了不正当的事。

【解释】

宰我问道："对于有仁德的人，别人告诉他井里掉下去一位人啦，他会跟着下去吗？"孔子说："为什么要这样做呢？君子可以到井边去救，却不可以陷害他入井；君子可能被欺骗，但不可以被愚弄。"

孔子说："君子广泛地学习古代的文化典籍，又以礼来约束自己，也就可以不至于离经叛道了。"

孔子去见南子，子路不高兴。孔子发誓说："如果我做什么不正当的事，让上天谴责我吧！让上天谴责我吧！"

【故事】

济世救人贤相萧何

萧何（前257年~前193年），生于西汉泗水郡丰邑县中阳里，即后来的江苏省丰县。汉朝初年丞相，政治家。谥号"文终侯"。他采摭秦六法，重新制定律令制度，作为《九章律》。在法律思想上，主张无为，喜好黄老之术。

他辅助汉高祖刘邦建立了汉政权，其后又根据秦律制定了汉律，即《九章律》，为东汉政权的建立与巩固立下了不朽功勋。

与张良、韩信并称为"汉初三杰"，萧何位居其首。

萧何年轻时在秦时的沛县做县里的狱吏。他性格随和，很善于识人，结交了许多好朋友。尤其是和其中的秦泗水亭长刘邦，感情更不一般。

刘邦做沛县亭长的时候，为县里押送一批农民去骊山修陵，结果途中大部分人都逃走了。刘邦自己度量，即使到了骊山也会按罪被杀。于是就躲了起来，藏到荒凉的芒砀山的深山老林中。

前209年7月，陈胜、吴广在大泽乡举起反秦的大旗，各地豪杰云集响应。此时做狱吏的萧何与曹参、樊哙等人时常聚会，密切注视着局势的发展。

萧何设法让樊哙去芒砀山找回刘邦，打算共同起义。

刘邦从樊哙这里得知萧何意图后，立即率众奔沛县而来。来到沛县城下，刘邦在帛上写了一封告沛县父老书，用箭射入城内。

沛县百姓看了刘邦的信，就聚集起来攻入县衙，杀了县令，打开城门迎接刘邦。在萧何等人的力举下，刘邦做了沛县的县令。于是，他们便在县衙大堂举行了仪式，誓师起事，并按楚国旧制，称刘邦为"沛公"。

刘邦才深知萧何真心拥戴自己，内心十分感激。从此，萧何紧随刘邦南征北战立下了盖世的功勋。

前208年秋，项梁叔侄杀了会稽郡守殷通，举起义旗。不久，便召集了20余万兵马，并与刘邦所部会于薛城。

众将约定：项羽从北路向西攻秦，刘邦从南路西进向关中进发，两路人马在击败秦军后，谁先入秦都咸阳谁当关中王。

刘邦率军勇往直前，凭靠张良等人的谋划，避实就虚，剿抚并用，一路夺关斩将，直抵关中。萧何身为丞督，则坐镇地方，督办军队的后勤供应。

前206年秋，刘邦率大军兵临咸阳城。秦王子婴设计杀了奸相赵高，献出玉玺，向刘邦投降。于是，起义大军开进了咸阳城。

将士们见秦都宫殿巍峨，街市繁华，顿时忘乎

博学于文，约之以礼

所以，纷纷乘乱抢掠金银财物。

萧何进入咸阳后，一不贪恋金银财物，二不迷恋美女，而是急如星火地赶往秦丞相御史府，并派士兵迅速包围丞相御史府，不准任何人出入。然后，他让忠实可靠的人将秦朝有关国家户籍、地形、法令等图书档案一一进行清查，分门别类，登记造册，统统收藏起来，留待日后查用。

萧何做官多年，他知道，依据秦朝的典制，丞相辅佐天子，处理国家大事；御史大夫对外监督各郡御史，对内接受公卿奏事。除了军权外，丞相和御史大夫几乎总揽一切朝政。

萧何收藏的这些秦朝的律令图书档案，使刘邦对天下的关塞险要、户口多寡、强弱形势、风俗民情等了如指掌。

对萧何的做法，刘邦很是佩服，遂拜丞相萧何为相国，加封 5000 户，并派兵卒 500 人为萧何贴身侍卫。

刘邦率先攻入咸阳后不久，项羽也率军入关，并自封为西楚霸王，占有梁楚东部 9 个郡，建都彭城，即现在的江苏徐州。并背弃原来的约定，改立刘邦为汉王，辖治荒远偏僻的巴、蜀、汉中之地，建都南郑。

为了阻止刘邦东进，项羽又把关中地区一分为三，分封给了 3 个秦朝降将。

刘邦看出了项羽的险恶用心，憋了一肚子气，有心与项羽决一死战，怎奈势单力薄，实难取胜。只好采纳萧何、张良等人的建议，隐忍入蜀，休兵养士，广招人才，待机再与项羽争个高低。

刘邦按张良的计谋，偃旗息鼓，人不解甲，马不停蹄，急匆匆地向巴蜀进发。一路上，许多来自其他诸侯王军中的兵士自愿投到刘邦的旗下。

韩信就是在这个时候从楚营中逃出，投奔刘邦的。韩信在楚汉战争中，率汉军渡陈仓，战荥阳，破魏平赵，收燕伐齐，连战连胜，在垓下设十面埋伏，一举将项羽全军歼灭，为刘邦平定了天下。

前 206 年，刘邦采纳张良、韩信所献的"明修栈道，暗度陈仓"之计，挥师东进，留下萧何负责征收巴蜀之税，供给军粮。

汉军将士入蜀后，思念家乡，东归之心甚切，一旦东归，个个如猛虎下山，奋勇争先，直杀得雍王章邯的兵马丢盔卸甲，落荒而逃。汉军一路势如破竹，不到一个月便占据了三秦之地。

刘邦令萧何坐镇关中，安抚百姓，同时负责兵员和粮饷的筹措与补给，自己则率大队人马浩浩荡荡地向彭城进发。

由于几经战事，这时的关中已是满目疮痍，残破不堪，秦都咸阳被项羽放火烧了3个月，已成一片瓦砾。萧何留守关中后，马上安抚百姓，恢复生产，全力收拾关中的残破局面。

萧何一方面重新建立已经散乱的统治秩序；另一方面对百姓施以恩惠，以定民心。他不仅颁布实施新法，重新建立汉的统治秩序和统治机构，修建宫廷、县城等。另外又开放了原来秦朝的皇家苑囿园地，让百姓耕种，赐给百姓爵位，减免租税等。

他还让百姓自行推举年龄在50岁以上、有德行、能做表率的人，任命他们为"三老"，每乡一人；再选各乡里的三老为县三老，辅佐县令，教化民众，同时免去他们的徭役，并在每年的年末赐给他们酒肉。

由于萧何办事精明，施政有方，颁布利民法令，关中的农业生产迅速得到恢复，建立了稳固的后方，保障了前线的需要。

前203年，项羽由于连年战争，陷入了兵尽粮绝的困境。而此时，萧何坐镇关中，征发兵卒，运送粮草，供应汉军，补足汉军缺额。刘邦也因此得以重新振作，多次转危为安，并逐渐形成了兵强粮多的好形势。后来，刘邦越战越强，终于逼得项羽兵败垓下，自刎乌江。

消灭项羽、平定楚地后，诸侯联名上《劝进表》给刘邦，推举他为皇帝。刘邦论功行赏，最后定萧何为首功，封他的食邑也最多。

很多功臣因此愤愤不平，说他们都身经百战，而萧何只不过发发议论，做做文字工作而已，毫无战功，为什么他的食邑反而比我们多？

于是，刘邦问大臣们："你们知道猎狗吗？打猎的时候，追杀野兽的是猎狗，用来指示行踪，放狗追兽的是人。如今诸位只是能猎获野兽，相当于猎狗的功劳。至于萧何，他能放出猎狗，指示追逐目标，那相当于猎人的功劳。况且你们只是一个人追随我，多的也不过带两三个家里人，而萧何却是全族好几十人跟随我，这些功劳怎么能抹杀呢？"

大家都无言可答。

行赏分封诸侯后，定都的问题又迫在眉睫。经过商议，最后决定定都咸阳。于是，刘邦暂居栎阳，命丞相萧何营建咸阳。

前199年，咸阳皇宫——未央宫竣工，萧何请御驾从栎阳到了咸阳。至此，西汉建都长安，历时200余年，萧何成为该城的最早规划和设计者。

前195年，汉高祖刘邦病逝于长乐宫，享年62岁。同年，太子刘盈即位，这就是汉惠帝。萧何继任丞相。

不过这时，萧何年事已高。这期间，萧何参照秦法，摘取其中合乎当时社会情况的内容，制定了律法共9章。这是汉朝制作律令的开端。《汉律九章》删除了秦法的苛繁、严酷，使法令更为明简。

前193年，年迈的相国萧何，由于常年为汉室操劳，终于卧病不起。病危之际，再一次向汉惠帝献计献策，举荐曹参为相。曹参继任丞相后，遵照萧何制定好的法规治理国家，使西汉政治稳定、经济发展，人民生活日渐提高。

轻徭薄赋的霍光

霍光是西汉著名将领霍去病的同父异母之弟。前119年，霍去病以骠骑将军之职率兵出击匈奴，得胜还京时，将霍光带至京都长安，将其安置在了自己的帐下。

两年后，霍去病去世，霍光做了汉武帝的奉车都尉，享受光禄大夫待遇，负责保卫汉武帝的安全。

公元前 87 年春，汉武帝去世，临终前立刘弗陵为太子。霍光正式接受汉武帝的遗诏，被封为大司马大将军，成为汉昭帝刘弗陵的辅命大臣，与御史大夫等人共同辅佐朝政。从此，霍光掌握了汉朝政府的最高权力。

当年汉武帝时实施的盐铁官营、酒榷均输等经济政策，是在反击匈奴、财政空虚的情况下实行的。但这一政策的实行，使一部分财富集中于大官僚、大地主及大商人手中，使得中小地主和一般百姓的生活日趋贫困。

为了减轻徭役，减少赋税，霍光在汉昭帝即位之初，就围绕是否改变盐铁官营、酒榷均输等经济政策，展开了不懈的工作。

公元前 86 年，霍光派遣当时的廷尉王平等 5 人出行郡国，察举贤良，访问民间疾苦、冤案难以及失去职业的人，为召开盐铁会议做准备。

公元前 81 年，霍光将郡国所举的贤良人等接入京城，正式召开盐铁会议。会议围绕坚持还是罢废盐铁官营、酒榷均输问题展开的辩论，涉及各个方面，包括对待匈奴、国内的治理等重大问题，实际上是对汉武帝时期政治、经济的总评价，也是汉昭帝实施新的政策前的一次大讨论。

经过这场讨论，由汉昭帝下令，在这年的秋天，废除了盐铁官营、酒榷均输等政策。这就从根本上抑制了大地主、大商人的利益，在一定程度上缓和了社会矛盾，调整了阶级关系，从而使汉朝的经济走上了恢复发展的道路。

霍光实施的新政，极大地减轻了人民的负担，调动了生产积极性，为汉朝的巩固，为社会的安定和发展奠定了基础。后来汉昭帝去世时，汉朝的政局曾一度发生混乱，但由于它的政治基础比较稳固，政局在短暂的混乱之后很快就平静下来。

汉昭帝21岁时得病去世，他没有子嗣。霍光听了别人的意见，把汉武帝的一个孙子、昌邑王刘贺立为皇帝。

刘贺原是个浪荡子，跟随他的200多个亲信，天天陪着他吃喝玩乐，即位才27天，就做了很多不该做的事，把皇宫闹得乌烟瘴气。

霍光和大臣们一商量，联名上书，请皇太后下诏，把刘贺废了，另立汉武帝的曾孙刘询，就是汉宣帝。事实证明，霍光选择了汉宣帝，才使得汉朝保持了兴旺的局面。

汉宣帝即位后，霍光继续辅佐朝政。他更加注意自身的政治修养，注意以儒学经术约束自己。他的一举一动，都有一定规矩，都要合于礼法。

他重视贤良的作用，从思想意识上来说，也是受到了儒家思想的影响的。

前68年，霍光去世了。汉宣帝及皇太后亲自到霍光的灵前祭奠。大夫任宣与侍御史等人奉命来为霍光护丧。朝中凡是俸禄在2000石以上的官员，也都奉命到霍光家中去祭拜。

朝廷又赐给霍光大批的金钱、锦缎、葬器，其中还包括规格甚高的玉衣、梓宫、便房和"黄肠题凑"等。汉宣帝以极为奢华的方式安葬了霍光，并追谥他为宣成侯。后来，又将他列入"麒麟阁十一功臣"，排名第一。

宋代理学之祖周敦颐

儒学在汉代被确立为正统地位后，经历了魏、晋、南北朝时期和隋、唐代的演变。在这个过程中，由于玄学的兴起、佛教的输入、道教的勃兴及波斯、希腊文化的掺入，儒学正统地位受到严重挑战。

北宋时期结束分裂割据，重建一统。这时的儒学以儒家纲常伦理为核心内容，以精巧的哲学学说为理论基础，吸取佛老思想营养，建立起了理学唯心主义。而北宋时期理学开山鼻祖，就是当时的著名哲学家周敦颐。

周敦颐从小喜爱读书，在家乡道州营道地方颇有名气，人们都说他"志趣高远，博学力行，有古人之风"。

周敦颐少年时，和母亲一同到京城，投奔舅父郑向，舅父是当时宋仁宗朝中的龙图阁大学士。这位舅父对周敦颐母子十分眷顾。当周敦颐24岁时，舅父向皇帝保奏，为他谋到一个职位，做了分宁县的主簿。

周敦颐到任后，发现有一件案子拖了好久不能判决，只审讯一次就立即弄清楚了。县里的人吃惊地说："周公断案，连老狱吏也比不上啊！"

周敦颐以明察秋毫，坚持原则、不媚权贵、明断狱案而闻名朝野，初出仕途就显示了他的才能。

1044年，周敦颐调任南安军司理参军。第二年，南安有个囚犯，根据法律不应当判处死刑，而当时的转运使王逵却决定严加处理。众官虽觉不当，但他们慑于王逵的权势，不敢出面争辩。

这时，周敦颐站了出来，坚持应当依律决狱。王逵不听，周敦颐愤怒地扔下手中记事的笏板，准备弃官以示抗争，并且气愤地说："难

博学于文，约之以礼

道可以这样做官吗？用杀不该处死的人的办法取悦上级的事情，不是我该做的。"

在周敦颐的据理力争下，王逵终于省悟，放弃了原来的意图，囚犯才幸免于死刑。

周敦颐调任南昌知县的时候，南昌人都说："这就是那个能弄清分宁县那件疑案的人，我们有机会申诉了，他可是当代大清官啊！"

那些富豪大族，狡黠的衙门小吏和恶少都惶恐不安，不仅担忧被县令判为有罪，而且又以玷污清廉的政绩为耻辱。

在南昌期间，有一次，周敦颐得了一场大病。他的朋友潘兴嗣去探望他，一进门便吃了一惊。原来周敦颐的家中空空如洗，日常生活用品全都盛在一个已经破旧得不像样的柜子里，所有的钱财加起来不足百。

潘兴嗣知道，周敦颐任知县已经几年，俸禄并不低，但他领到俸禄后，总是或以济贫，或分送同宗族的亲戚，或用来招待客人和朋友，只要别人向周敦颐说一声自己有什么困难，他总是会毫不犹豫地慷慨解囊，所以才会现在自己生病了，而自己连看病的钱都拿不出来的窘况。

这时，周敦颐的妻子哭着对潘兴嗣说："钱财散尽之后，全家便总是以粥度日，生活过得清贫而寒酸。"

后来，周敦颐的朋友们想出钱为他新建一所住宅。周敦颐知道后连忙婉言拒绝："我节衣缩食，是为了给黎民百姓做表率，以防奢华浪费之风盛行。如果我们为官的都讲究穿漂亮衣服，骑良马，追求奢靡享乐。老百姓也就会仿效，其结果会导致品行不端，社会风气败坏。到那时再纠正就难了，所以我不能接受你们的恩惠。"

朋友听后都点头称是。

周敦颐自己虽然生活过得十分清淡，可他自己则自得其乐，性情旷达，从来不把清苦放在心上。周敦颐在一首写给家乡族人的诗中表达出这种奉公行为、廉洁爱民的动机：

老子生来骨性寒，宦情不改旧儒酸。

停杯厌饮香醪味，举箸常餐淡菜盘。

事冗不知筋力倦，官清赢得梦魂安。

故人欲问吾何况，为道春陵只一般。

他在这首诗中所表现出来的一心为公，不图私利，爱护他人的精神，深得时人赞许，在后代学者中，也留下了深刻的印象。

周敦颐严格要求自己，同时对自己的下属也是严格要求，监督着他们的一言一行。有一次，周敦颐的一名手下把领到的俸禄米，拿到自己家里。这名手下的妻子顺手把米斗量了一下，发现多出了3石，手下和妻子都不作声。

后来，这事恰好被周敦颐听见了，于是问了自己的手下。手下红着脸说："以前惯例给自己量米时，是不把冒尖的部分去平的，所以自然多了些。"

周敦颐又问："那么照理多出来的米应该付多少钱呢？"

他的手下说："这是不用给钱的。"

周敦颐听了以后，非常生气，硬是要手下把前几次多拿的米钱一并拿了出来。随后，周敦颐将管米的仓官问罪，并要求依规定办理。后来，当地其他官员知道周敦颐严办手下这件事后，都感到非常惭愧。

周敦颐担任合州通判的时候，狱门里大大小小的事情，不经他的审定，下面的人都不敢做决定，即使交下去办，老百姓也不愿意。

在当时，周敦颐的上司赵抃被一些毁谤周敦颐的话所迷惑，对周敦颐的态度很严厉，但周敦颐却处之泰然。

周敦颐当了虔州通判时，赵抃做虔州知州。赵抃仔细观察了周敦颐的所作所为，才恍然大悟，握着他的手说："我差点失去你这样的人才，从今以

博学于文，约之以礼

后算是了解你了。"

后来由于赵抃的推荐，周敦颐做了广东转运判官，提点刑狱。周敦颐以昭雪蒙冤、泽及万民为己任。巡视所管辖的地区不怕劳苦，即使是有瘴气和险峻遥远之地，也不慌不忙地视察。

周敦颐做官为民，注重个人修养，对此，北宋时期政治家、著名学者黄庭坚评价周敦颐道：

> 人品很高，胸怀洒脱，像雨后日出时的风，万里晴空中的月，
>
> 不贪图获取名声而锐意实现理想，淡于追求福禄而重视得到民心，
>
> 自奉微薄而让孤寡获得安乐，不善于迎合世俗而重视与古人为友！

1056 年，皇帝御笔钦点，任命周敦颐为合州通判。

有一次，他从合州乘舟而上，前往南部拜访推官蒲宗孟。在途中，周敦颐对慕名而来的求学者谈到莲花，他说："我最爱莲花，你看它处于淤泥而不被污染，濯于清涟而不显妖媚。莲花端庄正直，清高不凡，具有君子风范，生活在世俗而不为世俗所污。"

说到周敦颐爱莲，不由让人记起千古名篇《爱莲说》里优美的词句来：

> 予独爱莲之出淤泥而不染，濯清涟而不妖，中通外直，不蔓不枝，
>
> 香远益清，亭亭净植……

《爱莲说》可贵之处与核心价值，是通过对"独爱"之莲的深情赞美，塑造了一位寄予了作者价值目标与人格理想、包含着儒释道丰厚意蕴、体现着民族传统美德与浩然正气的"君子"形象。

儒家视野中之"君子"，乃品德高尚者之谓也。它是人们对理想人格的

化身，是圣贤的同义语。其核心要素是"内圣外王"或"修齐治平"。

所谓"内圣"，就是通过克己修身而实现人格的完善，达到包括仁、义、礼、智、信、廉等品德要素在内的圣贤境界。在周敦颐看来，这种圣贤境界还包括正心诚意，在精神层面上能够寻求到超越于人生物欲之上与生活境遇之外的"孔颜之乐"。

所谓"外王"，就是积极入世、关怀社会、心忧天下，为社会和谐、国家富强、天下安泰而建功立业的价值取向和积极向上的人生态度。周敦颐《爱莲说》对菊、莲、牡丹的定位，反映出他的审美价值取向，使人可以强烈地感受到"君子"优秀品德元素中的丰富信息。

这些美德虽然从理论源流上出自儒家，但它体现了中华民族的共性，因而具有普遍的和永恒的价值。佛家视野中理想人格的核心要素是慈悲为怀和纯净不染。莲性是佛旨的象征。毫无疑问，《爱莲说》的创意和佛学有着内在的密不可分的联系。

"出淤泥而不染"之句，是佛家所阐发的莲的象征意义与周敦颐毕生"以名节相砥砺"，清白做人、廉洁为官的高尚人品天然契合的产物，这是周敦颐对莲花情有独钟的真正原因。

与"出淤泥而不染"相呼应的是"濯清涟而不妖"，它进一步延伸和强化了莲花的优秀品质。无论环境好与坏，无论是顺境还是逆境，都应当保持做人的纯洁和正直。

周敦颐在从政期间，尽心竭力，深得民心。在生活中，也不忘加强个人修养，加上早年大量广泛的阅读，接触到许多不同种类的思想。后来，终于写出了他的重要著作《太极图说》和《通书》等，提出了理学体系，成为一代开山祖师。

周敦颐将治国者的修养目标划分为几个不同层次，即"士希贤"、"贤希圣"和"圣希天"。

士希贤，即士的修养以贤为榜样。士，可以是任事之称，也可以是修立之名，可以是封建社会最底层的特称，也可以是读书人的泛指。周敦颐明确规定士以贤为修养目标，因此他所说的士是指学习道艺的士。

那什么是贤呢？贤是指修养成就已经很高的人。周敦颐列举了三类贤者：一类是以伊尹为代表的任事型贤人；一类是以颜渊为代表的洁身型贤人；一类是以子路为代表的改过型贤人。

伊尹是商代初期大臣。他帮助攻灭夏桀，建立起商王朝。伊尹一生对我国古代的政治、军事、文化、教育等多方面都做出过卓越贡献，是杰出的思想家、政治家、军事家，是我国历史上第一个贤能相国、帝王之师。

周敦颐将伊尹作为任事型贤人的代表，并提出"志伊尹之所志"，就是要弘扬伊尹的精神，能够以天下国家为己任，敢于上以匡君，下以救民。

颜渊是孔子称赞的最有修养、最能吃苦、最善于学习的弟子，他终生贫困，但毫不在意，以读书学习为乐。由于颜渊的突出表现，他位居孔子弟子七十二贤人之首，后世称为"亚圣"。

周敦颐将颜渊推为洁身型贤人，并提出"学颜子之所学"，就是提倡对"圣人之道"要有坚定的信念，在各种环境与场合中，自觉坚持仁义忠信的原则。即使在箪食瓢饮、身居陋巷的极端贫困中，也能不改其乐，做到"心泰而无不足"。

子路是一个有修养、有缺点而又为孔子所器重的著名弟子。孔子对子路的开导也最多、最具体、最切中要害。他是孔门七十二贤人之一。周敦颐推崇子路这样的贤人，主要在于他能够闻过，喜人规过，勇于改过，是一位能闻过、改过的贤人。

周敦颐将伊尹、颜渊、子路作为士的修养目标，这是很有见地的。他认为，任事型贤人勇于担当起改造社会的责任，洁身型贤人能够不断提高自己的修养水平。而改过型贤人则更具普遍意义。在复杂的社会政治生活中，每个人不可能无过，不可能没有这样那样的弱点、缺点甚至错误。有过能改，知错能改，善莫大焉。

周敦颐提出的任事、洁身、改过3种类型，实际上是一种完整人格的3个方面。周敦颐认为，无论哪种类型的"士"，只要潜心修养，都可以成为贤人，甚至成为圣人。即使不能成为贤人和圣人，也对提高自己的道德水平有所裨益。

贤希圣，即贤人的修养以圣人为目标。周敦颐说的圣人必须具备3个条件，即诚、神、几。那么，何谓诚、神、几？

"诚"是修养的最高境界。"诚"在周敦颐的理论体系中是一个至关重要的范畴。周敦颐认为，人的心境在平时保持一种与宇宙本体相一致的静虚状态，什么也不思索，什么也不存在。这样才能不被外物干扰，才能不存私念，才能保持心态的高度平衡。这种心态就"诚"。而要成为圣人，就必须做到"寂然不动"。

"神"是周敦颐对人的思想反应异常敏锐的描写。周敦颐说"感而遂通"为神，极言反应迅速。而要做到这一点，就必须在平时能够"寂然不动"。这样，一事当前，才能立即感知它，立即了解它，从而迅速做出反应。

"几"是人的深层次思维活动，是决定人的行为。周敦颐主张从对具体事物的态度上分善恶，认为任何人表现的善恶，都有一个最初心理活动的过程，一个思想酝酿的过程。这个过程就是区分善恶的"几"，能正确把握自己思想活动过程的这个"闪念"之间。

周敦颐所说的"诚、神、几为圣人"，就是说一个人要由贤到圣，就必须在诚、神、几3个方面狠下功夫。

圣希天，是道德修养最高目标。圣人不是天生的而是由不断修养而成的。修养是一个不断完善自我的永无止境的过程。即使已经成为圣人，仍然需要进一步修养。与天地合其德，就是与天地同德。

对于治国理政之道，周敦颐提出了"政事法天""纯心用贤""端本善则""礼先乐后""天下在于势"等思想。周敦颐以自己的实际行动，成就了一代大儒的风范。他的人品和思想，千百年来一直为人们敬仰。

司马光阐述的齐家思想

周敦颐创立的北宋时期理学，是以儒家纲常伦理为核心而构建的。纲常即"三纲"和"五常"，是儒家伦理文化的主体，在"修身、齐家、治国、平天下"儒家古训中占有重要地位。在宋代涌现的一批实践儒家古训的志士仁人中，与周敦颐同时代的司马光，是其中的一个典范。

司马光是北宋时期史学家和文学家。历宋仁宗、宋英宗、宋神宗、宋哲宗四朝，卒赠太师、温国公，谥号"文正"。他为人温良谦恭、刚正不阿，做事用功刻苦、勤奋，其人格堪称儒学教化下的典范，历来受人景仰。

司马光为了"齐家"，除了自己以身作则外，还将历史上记载的这方面的人和事写进《家范》4卷中，让家人以此为榜样共同治家。

"家范"，顾名思义就是家庭成员的规章和典范。《家范》以《序》、《治家》为开头，论述了治家的重要性和家庭各成员应该遵循的道德准则。家庭从《祖》开始，依次论述了《父》《母》《子》《女》《孙》《伯叔父》《侄》《兄》《弟》《姨姐妹》《夫》《妻》《舅》《舅姑》《妇》《妾》《乳母》18个家庭角色。

在这之中，司马光用大量篇幅讲述的是《治家》《祖》《父》《母》《子》《女》《兄》《弟》《夫》《妻》这些家庭角色。

在《治家》一章中，司马光讲述了这样一个故事：少数民族首领吐谷浑阿豺临死时，让20个儿子中的19人各折断一根箭，然后用绳子捆在一起，

再让另一个去折这19支箭，结果折
不断。

司马光用这件事告诫子孙：只
要大家齐心协力，就会有力量，就
会克服困难和战胜外侮。这说明治
家不能只顾自己一人，如果那样将
是一件很可怕的事情。

司马光还提出当家人要治好家，
必须对家人无厚薄之分。为此，他
用孔子的话作证："均无贫、和无寡、
安无倾。善为家者，尽其所有而均之，
虽粝食不饱，敝衣不完，人无怨矣。
夫怨之所生，生于自私，及有厚薄也。"

意思是说：家里的财产分配均匀，就没有人贫穷；家里的人能够和睦相
处，大家就会团结在一起；家人相安无事，家庭就不会有祸害。善于治家的人，
将所有财产都平均分配，即使是每天吃粗茶淡饭、穿破旧衣服，甚至吃不饱
穿不暖，人们也不会有怨恨产生。怨恨之所以产生，是因为家长自私自利而
且对待别人不公平。

在《祖》一章里，司马光讲述了两个故事，一个故事说，北宋时期一位
名臣的祖先不教子孙礼仪和德操，只留下丰厚的财产，结果自己卧病在床，
儿孙们偷去钥匙争抢财产；另一个故事说的是春秋战国时期的楚国令尹孙叔
敖，他教育儿子不与别人争封地，结果封地世袭10多代。

司马光用这两个故事告诫家人：做祖辈的应从长远考虑，做真正有利于
子孙的事，这样才能弘扬正气，家族兴旺。

在《父》一章里，司马光用春秋战国时期卫国大夫石蜡谏卫庄公的话说

明做父亲的应该如何教育子女和疼爱子女。石蜡的谏言是："臣听说过疼爱孩子要用义德规行去教育他，使他在人生路上不走邪路。过分宠爱会使他产生骄傲、奢侈、淫荡、放纵，这四者会使他走上邪路。教育孩子应该从小抓起，不要认为孩子小、不懂事而放纵他。"

在这一章里，司马光还用曾子妻子哄孩子不哭时说过回来杀猪给孩子吃，后来曾子真的杀了猪的事，告诫做父亲的不能对孩子说假话。此外，司马光还用陈亢的事说明教育孩子一定要多读书、懂礼仪，这样才会使他们有出息。

在《母》一章里，司马光说："做母亲的不用担心她不疼爱孩子，担心的是只知爱孩子而不知教育孩子的道理。"他认为做母亲的对孩子的教育非常重要。司马光在这一章中讲述了很多故事：作为母亲应该像周文王的母亲那样，从怀孕起就进行胎教；像孟母那样择邻而居。

他还引用了唐代侍御史赵孟武不读书，去打猎，用猎物孝敬母亲，遭到母亲训斥，儿子听后发愤读书，考中进士，当上廉官。唐代天平节度使柳仲郢的母亲为了让孩子发愤读书，用苦参、黄连碾成粉末，与熊胆和在一起，每晚让孩子口含读书，免得打瞌睡。

他还讲了春秋战国时期齐国丞相田稷子用下属贿赂的金银送给母亲，母亲没有要，反而说："这种事只有不孝顺的儿子才会干，你不是我儿子。"

田稷子感到羞愧不已，把金银退回给下属后又到齐王那里去请罪。齐宣王表扬了他母亲，看在他母亲的面上没有给他定罪，而且官复原职，另赐金银给他的母亲。

他还讲了汉代京兆尹隽不疑每天审判囚犯后回家，母亲必问："今天有没有冤枉好人？"如果听到有人喊冤时，她就吃不下饭。所以隽不疑做官严明不残忍，无冤案。

司马光还引用东晋陶侃借管理鱼池之便，腌鱼送给母亲，均遭到母亲的训斥等。告诫天下做母亲的都要教育孩子走正路，当官就要当清官。

在《子》一章里，司马光用大量篇幅讲述了历代做儿子的如何孝敬父母的事例。

说的是父母活着的时候，尽其所有让父母吃好穿好，不生气；父母有病时，儿子应该千方百计，哪怕是变卖所有家产也要给父母治病，有的甚至亲自去尝粪便帮助医生用药；父母死后要安葬好并在逢年过节时祭奠。所举例子中有汉文帝、北齐孝昭帝、孔子、孟子及历代大臣显贵等孝敬父母的事例，也有因为尽孝而在民间被奉为楷模的普通百姓。

在《子》这一章的最后，用《礼记》中《内则》里的一段话告诫天下做儿子的要真正孝敬父母，必须在父母生前死后都要做好事，不做一件坏事，给父母带来好名声。如果做一件坏事，给父母带来恶名，那就是大不孝。如果能使父母荣耀显赫，那才是孝道的最终目标。

他认为，做儿子的要做到：处上位不骄傲；处下位不作乱；在众人面前不争高低。如果做不到这3点，即使每天给父母煮牛羊肉吃，也算不上是孝子。

在《女》一章里，司马光告诫做女儿的一定要做个贤女，嫁出去也要恪守孝道。做贤女必须读《论语》《诗经》《礼》等经典著作。

司马光说："古代贤女没有不喜欢读书学习的。"并用汉代几个贤后妃的例子加以说明。特别强调独女和没有兄弟的女儿们，更应该恪尽孝道，赡养父母，让父母享受到儿女的孝心。

在《夫》一章里，司马光先用《易经》的话说明夫妇之道是天地间的大义，是风俗教化的本原，不可不重视。

司马光推崇汉代梁鸿娶妻不看外表容貌，注重女子的高尚志趣，结果夫妻两人一辈子相敬如宾，妻子始终与他举案齐眉；还有汉代鲍宣娶富户家闺女，退回女子陪送的丰厚嫁妆，让妻子跟他过贫贱生活，靠自己的双手劳动度日。

司马光对历史上庄周死妻击鼓而歌，汉代山阳太守薛勤死妻不哭，还庆

博学于文，约之以礼

幸何不早夭，对他们这种悖于礼仪的行为进行抨击。相反地，对汉代太尉妻死和儿子一起穿丧服哀悼表示赞扬。

司马光认为，大丈夫应志在四方，不能因为妻子拖后腿而丧志。更不能一味听从骄悍之妻的唆使。不能像晋惠帝、唐肃宗那样因皇后骄悍不能保全宗室杨太后、太子，更谈不上治理国家了。

在《妻》一章里，司马光用的篇幅较长。开头用他自己的话说："夏代的兴起是因为涂山女的功劳；而桀的被放逐是因为妹喜的不贤；殷商的兴起是因为有诚氏的贡献；而商纣的灭亡被杀是由于宠幸妲己；周朝的建立是由于姜嫄、大任的帮佐；而周幽王的被擒是宠信褒姒的结果。"用一正一反的几个例子说明做妻子的要贤德。

司马光用古代贤内助的例子提出，当官的妻子一定要让丈夫清正廉洁。

他举例说，春秋战国时期的乐羊子在路上拾到一块金子回来交给妻子，妻子说："我听说有志者不喝名叫盗泉的水，廉洁的人不接受施舍的食物，你在路上捡金子回来，这不是有污品行吗？"

乐羊子非常羞愧，将金子放回原地等待失主。后来出去求学，一年后又回来了，妻子问他为什么回来，乐羊子说想妻子了。妻子听后剪断织布机上的丝线教育丈夫，半途而废就像剪断的丝一样一事无成。乐羊子第二天又去求学，7年后功成名就。

在其他章节里，司马光主要是用历史名人的例子，提倡应该树立互相帮助，尊老爱幼的家庭成员的典范。

司马光的《家范》是他家教的一部重要著作，被后世称为"四范"之一。不仅丰富了儒家"修身、齐家、治国、平天下"的思想，也对北宋理学的建立和发展产生了重要的推动作用。

司马光在《家范》中提倡的家庭伦理、道德观念，对后世产生了深远的影响，至今仍有教育意义。

己欲立而立人

子曰："中庸①之为德也，其至矣乎！民鲜久矣。"

子贡曰："如有博施于民，而能济众②，何如？可谓仁乎？"

子曰："何事于仁，必也圣乎！尧舜③其犹病④诸！夫⑤仁者，己欲立而立人，己欲达而达人。能近取譬⑥，可谓仁之方也已。"

【注释】

①中庸：中庸是孔子的最高道德标准。中，谓之无过无不及。庸，平常。

②众：指众人。

③尧舜：传说中上古时代的两位帝王，也是孔子心目中的"圣人"。

④病：病，担忧。

⑤夫：句首发语词。

⑥能近取譬：能够用自身打比方。

【解释】

孔子说："中庸作为一种道德，该是最高的了吧！人们缺少这种道德已经为时很久了。"

子贡说："假若有一个人，他能给老百姓很多好处又能周济大众，怎么样？可以算是仁人了吗？"

孔子说："岂止是仁人，简直是圣人了！就连尧、舜尚且很难做到呢。

至于仁人，就是要想自己站得稳，也要帮助别人一同站得稳；要想自己过得好，也要帮助别人一同过得好。凡事能就近以自己作比，而推己及人，可以说就是实行仁的方法了。"

【故事】

忠臣楷模诸葛亮

诸葛亮从小就失去了父母，跟随叔父到了襄阳。叔父去世后，诸葛亮和弟弟一起来到隆中卧龙岗，一边种田一边读书。年轻的诸葛亮博览群书，喜欢钻研学问，积累了丰富的知识。

他在隆中结交了不少渊博学者，经常同他们一起游玩、交谈。诸葛亮对自己的能力非常自信，常自比历史上的杰出政治家管仲、乐毅，渴望在当时群雄割据的局面中施展才华。

诸葛亮 27 岁那年，遇到了刘备。诸葛亮向刘备提出了先在荆州立足，再占益州，和孙吴及南方蛮夷结盟，抗拒曹操的战略方针，这就是有名的隆中对。刘备听了诸葛亮的高论，为其才智所折服，便请诸葛亮出山辅佐自己。诸葛亮离开隆中，做了刘备的军师。

208 年，曹操率大军南下，准备统一南方。东吴孙权想联合刘备共同抗击曹操，诸葛亮很高兴，就去了东吴。

东吴阵营中有主战派，也有主降派，诸葛亮当着东吴孙权的面舌战群儒，用激将法，使孙权下决心抗击曹操，结成了孙刘联盟。

在接下来的赤壁之战中，孙刘联军利用火攻大败曹军，这一仗为刘备在南方立足和后来三分天下奠定了基础。

赤壁之战后，诸葛亮帮刘备取得了荆州。后来，他又帮助刘备取得了益州。

221 年，刘备在成都称帝，建立了蜀国，诸葛亮做了丞相。每当刘备出兵征伐时，诸葛亮便负责镇守成都，为刘备足食足兵，如汉中之战就替刘备提供了资援。

诸葛亮在汉中休士劝农期间，充分利用了这里优厚的经济条件，因地制宜地采取了一系列发展生产的得力措施，使刘备北伐的军资，基本上就地就得到了解决。

他休士劝农，实行军屯，使汉中重新得到发展，逐步到达人多、粮多的良性循环，使百姓"安其居，乐其业"。

此外，诸葛亮亲自考察后修筑的"山河堰"等水利工程，至今还是汉中地区灌溉面积最大的水利工程。据说山河堰可以灌溉农田 4.6 万亩。诸葛亮时修筑的一些堰渠经历代使用维修，一直沿用至今。

这些事实说明，汉中盆地古代农田水利设施至今所产生的实际效用和不断改进利用，与诸葛亮当年在汉中休士劝农时，开拓农田、兴修水利、发展生产的丰功伟绩是分不开的。

建蜀初年，蜀国南部少数民族发生叛乱。诸葛亮亲自率兵南征，去平定叛乱。诸葛亮善于用兵，七次擒获叛王孟获，但他每次都放了孟获，最后使孟获心悦诚服，安心归蜀。

诸葛亮不仅军功卓著、治国有方，他的艺术造诣也是很高的。

诸葛亮喜爱书法，在青少年时代就进行过刻苦的训练，能写多种字体，篆书、八分书、草书都写得很出色。即使战事十分紧张频繁，他仍然不忘临池挥毫。他的很多书法作品被北宋皇宫内府所珍藏。

唐朝张彦远在《历代名画记》中写道：

诸葛武侯父子皆长于画。

张彦远记述当时一些近代画家，如阎立本、吴道子等人绘画作品的售价："屏风一片值金两万，坎者售一万五千，""一扇值金一万。"并说汉魏三国画家的作品，在唐代已是"有国有家之重宝""为世代之珍"。

从张彦远的记述中，可以大致看到诸葛亮在我国美术史上的历史地位和艺术成就。

诸葛亮精通音律，喜欢操琴吟唱，有很高的音乐修养。他既会吟唱，又善操琴，同时他还进行乐曲和歌词的创作，而且还会制作乐器，如制作七弦琴和石琴。不仅如此，他还写有一部音乐理论专著《琴经》。

诸葛亮的文章也写得非常好，《前出师表》《后出师表》《诫子书》等，千百年来一直广为传颂。

诸葛亮还有很多发明创造，比如木牛流马、孔明灯、诸葛连弩、八阵图、孔明锁、木兽、地雷等，无不展示出他长于巧思的才艺。

诸葛亮一直没有忘记统一天下的愿望。

227年，诸葛亮向刘禅上了《出师表》，安排好内政，出兵北伐。蜀军进军顺利，后来由于派马谡守街亭，导致街亭失守，蜀军被迫撤回。为严明军纪，诸葛亮挥泪斩了马谡，并自贬三级。

234年，诸葛亮开始第六次北伐。

他率领10万大军，占据武功，在五丈原扎营，与魏军在渭水两岸形成对峙局面。由于司马懿采取坚守的方针，在速战不成的情况下，诸葛亮令士兵屯田，准备长期坚持。

8月间，诸葛亮积劳成疾，病逝于五丈原军中，终年54岁。死后安葬在定军山。

诸葛亮临终时还留下退军密计，导演了一场"死诸葛吓退活司马"的好戏，使蜀军安全撤回。

诸葛亮的一生是奋斗的一生，真正做到了他所说的"鞠躬尽瘁，死而后已"！

吕蒙博学多识有远见

吕蒙，字子明，汝南富坡（今安徽阜南东南）人，三国时期吴国著名军事家。受孙权之劝，多读史书、兵书，学识渊博。吕蒙曾经乘名将关羽北伐曹魏、荆州空虚之时，偷袭荆州成功，使东吴国土面积大增。吕蒙历任别部司马、平北都尉、横野中郎将、偏将军、寻阳令、庐江太守、汉昌太守、南郡太守等职，封孱陵侯。建安二十四年去世，享年42岁。

吕蒙年少时，南渡长江，跟随在姐夫邓当身边。当时邓当身为孙策的部将，数次征伐山越。那时的吕蒙年仅十五六岁，也私自随邓当一同作战，且无比勇敢。

孙权继位后，吕蒙更得重用。从破黄祖做先锋，封横野中郎将。从围曹仁于南郡，并于濡须数御曹军，屡献奇计，累功拜庐江太守。

吕蒙在军旅之时，在孙权的劝说下发愤读书，深为孙权、鲁肃所依赖。

后进占荆南三郡，计擒郝普，于合肥奋勇抵抗魏军追袭，以功任左护军、虎威将军。

217 年，曹操出兵 40 万来攻打东吴。东吴孙权召集文武百官研究对策，大将吕蒙建议在濡须口修筑船坞。

孙权称赞道："人无远虑，必有近忧，吕蒙有远见。"

于是下令连夜修建船坞。等魏军到时，船坞已修好，魏军在这一战中损失惨重。

范式诚实守信于约定

东汉明帝永平年间，一个明朗的秋天，在汝南郡的一个村子里，青年学者张劭正在自家的庭院中来回踱步，不时侧耳听听院外的动静，好像在等什么人。他嘴里不住地叨念着："巨卿兄，你怎么还不到呢？"

张劭说的这个巨卿，就是山阳郡人范式，字巨卿，是张劭在太学里的同学，两人多年寒窗相伴，结下了深厚的友情。

两年前，他们同日离开京都洛阳回家，分手的时候，两人依依不舍，洒泪而别。那一天正好是九九重阳节，当时他们约定，两年后的今天，范式来汝南郡探望张劭。

光阴飞逝，两年的时间转眼就过去了。越是临近约定的日期，张劭的心情就越是不能平静。他急切地盼望着与好友重新欢聚，以至于坐卧不宁，寝食不安。

张劭的老母亲见儿子这样，怕他急坏了身子，就劝他道："儿啊，何必如此心焦，朋友之间，总有机会见面的。再说，山阳郡离咱们这里有上千里的路程，又是两年之前随口说的话，到现在人家怕是早都忘记了，你也别太认真了。"

张劭认真地答道："娘，您不了解巨卿，要说巨卿这人，那是当今天下数一数二的诚实君子，他做事情从来没有违反过大义；他说过的话从来没有不兑现过。讲好要来，他是绝不会失约的。"

母亲说："你这孩子啊，真是实心眼！好吧，我就给你准备酒宴招待客人吧！唉，我只是怕你急坏了身子啊！"

张劭说："不会的，巨卿一到，我还会高兴得年轻几岁呢！您就放心地去准备吧！"

重阳节终于到了，张劭一家人早早起来，把酒杀鸡，忙活了半天，备好了一桌丰盛的酒菜。可是，范式还没出现。张劭简直望眼欲穿了，他整好衣装，急步走到村头，立在大树下等候。

看看到了正午，正是两年前他们分手的时刻。就见一辆马车从远处飞奔而来，车到大树下停住，下来一个书生打扮的中年人，向张劭疾步跑来，张劭定睛一看，来人正是范式！

两人跑到一起，各施大礼，然后紧紧拥抱。张劭说："大哥果然不远千里赶来赴约。不过，为何不早到几天，让小弟等得好心焦啊！"

范式说："贤弟，只怪我心里着急，又加上饮食不慎，途中病倒在客栈里。要不是店家好心照看，我几乎要丧命了。"

张劭一看，范式果然是一副病容，身子轻飘飘的，好像还站不稳似的。张劭很有点不过意，说："大哥为了看我，病成这样，小弟真是有罪了。"

范式笑了起来，说道："你我两人还要说这些客套话吗？我要是今天见不到贤弟，那才是会急死呢，快领我去拜见伯母吧，我还带了些薄礼来孝敬她老人家呢！"

范、张两人久别重逢，更觉得难分难舍，他们白天一起谈论学问，夜晚在一张床上安眠。

一天，范式感慨地说："我们两人就像古时候的伯牙和钟子期一样啊，真是生死之交。"

张劭说："我们虽不是同年同月同日生，但是将来谁要是先走一步，另一个一定要在他身边为他送葬。"

范式说："那当然是我这做兄长的先死，你可要为我送葬呀！"

张劭开玩笑说："要是我先走一步了呢？"

范式说："那不管我在何处，一定会驾着白马素车，身披白练，赶来为你送葬的，你可要等我呀！"

说完，两人都大笑起来。

几天之后，范式辞别张劭一家回山阳郡去了。这边张劭继续读书种地，奉养老母。不料，没过一年，张劭忽然得了个暴病，不到几天，张劭就已经奄奄一息了。

临终之际，张劭的同乡老友郅君章、殷子征来看望他。他们拉着张劭的手，流泪说："元伯，你放心去吧，还有什么心事就请对我们讲吧！"

张劭叹了口气说："我死而无怨，只是等不及我那生死之交的好友来给我送葬了。"

郅君章、殷子征两人奇怪地问："难道我们还不能算是你的生死之交吗？"

张劭说："你们对我友情深重，但你们只是我活着时的朋友，而山阳范巨卿却无论我是死是活，都是我的好友啊！"顿了一下，张劭又说，"有件事情，想托你们办一下。请你们务必派人去山阳郡通知范巨卿，请他尽快赶来，不然，我就等不及了。"

郅君章、殷子征两人答应了张劭的请求，派人骑快马到山阳郡报信去了。

范式回到山阳郡后，当地的郡守听说了他的名声，就请他做了郡府的功曹，掌管全郡的礼仪、文教事情。官虽不大，公务却很繁杂。范式尽心职守，把事情办得井井有条，郡守对他十分赏识，有心要再提拔他。

这一天，范式梦见了张劭，只见张劭头戴黑色王冠，长长的帽带一直垂到脚下，脚上穿的是一双木鞋，好像一位古代的君王。再看张劭脸上一副焦急的样子，好像在呼喊自己，可就是喊不出声音。

范式从梦中惊醒，浑身冷汗。他想，难道贤弟已经作古了吗？这个梦实在不吉利。不行，我要去汝南看看贤弟。

第二天，范式辞别郡守，郡守再三挽留不住，心中十分惋惜。因为，范式这一走，不但提升职务的事吹了，而且连功曹的官职也要丢掉。范式哪里顾得了这许多，他借了匹快马，日夜兼程地向汝南郡赶去。

范式在途中正遇上张劭派来向他报信的人。他一听这消息，当时就口吐鲜血晕了过去。醒来之后，范式买了白马素车和奔丧用的物品，亲自驾车飞奔而来。一路上，人们都看见这辆飞奔的丧车：白色的马，白色的车，车上的人穿着麻衣，身披白练，不断抽打着马儿飞跑。

可是，就在范式赶到的头几天，张劭已经去世了。老母亲记着儿子的嘱咐，一连等了范式3天，后来实在不能再等，只好把丧事办了。到出殡的这天，当地仰慕张劭名声的人都赶来了，送殡的队伍少说也有上千人。

说来也奇怪，那辆载着张劭灵柩的马车走到村口大树下时，车轮突然陷进一个土坑，任凭众人死命地往外拉，车也是纹丝不动。

张劭的母亲哭倒在灵车上说："儿啊，娘知道你的心愿，可是，山阳郡离这里千里之遥，巨卿实在是赶不到啊！"

正在这时，远处一辆白色马车飞驰而来。张母回首一望，说道："这一定是山阳郡范巨卿来了。"

果然，这正是范式的白马素车。车到近前，范式跳下车来，扑到张劭的灵柩上痛哭起来，边哭边说道："贤弟，哥哥来迟一步，让你等急了啊！"

过了一会，范式止住哭声，说道："贤弟，你该去安息了，哥哥送你下葬。"说着他招呼众人扶住车辕，大家使劲一推。真是怪了，这回灵车一下子就出了土坑，又向墓地移动了。

众人见此场面，又感动又吃惊，都赞叹范、张两人真是生死之交，诚信君子，说是由于他们两人的信义感动了上天，才出现了这样的奇事。

范式安葬张劭后，信守当初的诺言，为好友守墓3年。

范式和张劭生死之交，其信义之风，为后人所敬仰。为纪念这两位信义贤者，范式家乡的人们遂将其村子改名为"鸡黍"，并建立了"二贤祠"，供奉范式、张劭。

黄雀衔环报恩传奇

杨宝是成语"结草衔环"中"衔环"典故的主人公。此事虽属迷信，但后人以此比喻感恩图报。杨宝是东汉弘农郡华阴人。据说杨宝9岁时，在华阴山路上，看到一只被猫头鹰咬伤的黄雀，从天空掉下来，接着又有无数的蚂蚁爬在黄雀的身上，吸食它的血。杨宝见黄雀痛苦地挣扎，于心不忍，就把这支受伤的黄雀带回家饲养，等到它伤愈之后，又放它飞走了。

有一天晚上，杨宝梦见黄雀飞回来报恩，它自称是西王母娘娘的使者，同时口里衔着4枚白环要献给杨宝，并且说将来杨宝的子孙都会像这白环一样晶莹高贵。

果然，日后杨宝的儿子杨震、孙子杨秉、曾孙杨赐、玄孙杨彪，一个个都飞黄腾达，而且他们的品德操守方面都非常的清白，当时成为传奇。

杨震少年时候，家贫而与母亲独居，靠租种别人家的地养活母亲，乡里人都称赞他孝顺。他在注重品德修行的同时，还特别注意笃学儒家学说，被人称为"关西孔子"，后来成为远近有名的贤良才子。

杨震还善于清廉独处，几经朝廷邀请才出仕做官，先后任过东来和涿郡太守、太尉。任职后，也不忘品德修养，秉公办事，不徇私利。

有一次，杨震的学生王密，拿了10斤黄金深夜来访，谢他栽培之恩。杨震说："我是看你有才，才荐你做官，你怎么不了解我呢？"

王密说："夜里无人知晓，收下吧！"

杨震说："天知、地知、我知、你也知，怎么能说无人知晓呢？做官一任，造福一方，为民当官，以廉为本，如以为人不知晓而受贿，岂不是伤天害理，欺世盗名！"

说得王密十分惭愧，持金而退。

非但如此，杨震还要把清正廉洁家风传给后代。一些亲朋故友见他公而忘私，就劝他为儿孙打算，置办些家产留给儿孙。他说："让后代成为清官后代，不也是一份很贵重的遗产吗？"

东汉末年，宦官当道，外戚专权。杨震因揭露樊丰、周

广等人假传皇令，耗费巨资修宅第受到陷害，太尉印绶被收，罢免官职，朝野都被震动。

杨震满怀悲愤地回到故里，对儿孙家人说："清廉刚直、以诚为民，是做官的本分。怕只怕那些狡猾的奸臣不能杀掉，我有什么面目重新见到日月！我死之后，用杂木做棺，用单被盖上即可，不要设置祭祠。"

杨震说完这话，为表心志，毅然饮鸩而死，以此正气守节教育他的儿子们。

杨震生有 5 个儿子，都受到家庭熏陶。其中杨秉尤为出类拔萃。杨秉少年时秉承父业，博通书传，在家乡教书。直至 40 多岁被举荐，拜侍御史，后历任豫州、荆州、徐州刺史。

杨秉不仅继承了父亲的学问、气节，还继承了父亲清廉刚直品格。身为刺史，"计日受禄"，余下俸禄一文不取。

杨秉任官执法如同父亲，秉直刚正，疾恶如仇。

一次，他检举揭发地方贪官昏官 50 人，上报朝廷严肃处理，"天下莫不肃然"，全国为之震动。

杨秉一生与宦官斗争，有智有谋。晚年他总结说道：

我有三个不能被诱惑：酒、色、财。

无欲则刚，所以他能大智大勇、大公无私。杨秉不但承继了好家风，而且有所发展。

杨秉的儿子杨赐，也继承了祖父辈传承下来的正直清廉家风，因"少传家学，笃志博闻"，被推荐为汉灵帝刘宏的讲学老师，后来拜为太尉，经常为国直言上书。

杨赐曾经上书抨击朝政，用人不论德才，善恶同流。汉灵帝不以为然。后来，杨赐因向汉灵帝面谏，请求改弦更张，罢斥奸邪官吏，结果触怒宦官曹节。杨赐只因为对汉灵帝有"师傅之恩"，才免于死罪。

杨门第四代杨彪为杨赐的儿子，也少传家学，举为孝廉，终生不畏强暴。最初因通晓典章制度，被朝廷征为议郎，与父杨赐同朝为官。

当时的宦官王甫的门生独占官府财物价值70万，杨彪发现之后立即揭发，汉灵帝准奏后，王甫的养子王萌、王吉、太尉段颎同被处死。这件为民除害的事，大快天下，杨彪本人名声也大震。后因阻止奸臣董卓乱权，被董卓罢官。

汉献帝当皇帝后，任杨彪为太尉。为了有利于国家统一，杨彪一直"尽节卫主"，几经被害。曹操"挟天子以令诸侯"时，只因杨彪声望影响很大才免于一死。

曹丕建立魏国自立皇帝后，要杨彪出任太尉，杨彪固辞不受，表现了他对大汉王朝的忠诚。

杨彪的儿子杨修"好学，有俊才"。曹操嫉恨他的才能，借故把他杀了，以解自己杀不了杨彪之恨。

杨修虽没有像他的前辈那样铸成彪炳品德，但也表现了他的为人耿直，也为后人所崇敬。据《汉书·杨震列传》记载：

> 自震至彪、四世太尉、德业相继。能守家风，为世所贵。

这就是杨家公而忘私，忠诚守信，持节不渝的家风。

学而不厌，诲人不倦

子曰："述而不作①，信而好古，窃②比于我老彭③。"

子曰："默而识④之，学而不厌⑤，诲⑥人不倦，何有于我哉？"

子曰："德之不修，学之不讲，闻义不能徙，不善不能改，是吾忧也。"

【注释】

①述而不作：述，传述。作，创造。

②窃：私，私自，私下，谦词。

③老彭：人名，殷商时代一位"好述古事"的"贤大夫"。

④识：记住。

⑤厌：满足。

⑥诲：教诲。

【解释】

孔子说："只阐述而不创作，相信并且喜好古代的东西，我私下把自己比做老彭。"

孔子说："把所见到、听到的知识默默地记在心里，努力地学习而不感到满足、厌倦，教导别人而不感到疲倦，这些事情我做到了哪些呢？"

孔子说："对品德不去修养；学问不进行讲习；听到合乎道义的事不

去做；有过错的地方却不能改正，这些正是我所忧虑的啊！"

【故事】

孔子教育弟子勇毅力行

周文王推演而成《周易》后，其中的"天行健，君子以自强不息"的精神被历代发扬光大。最初将这一精神用于实践的，是春秋时期的儒家创始人孔子。

作为一个伟大的教育家，他认为，仁者不忧，智者不惑，勇者不惧。为此，他以仁、智、勇"三达德"为核心教育弟子，要求弟子做到勇毅力行，至死不变。这是孔子思想的基本内容之一，也是儒家文化的重要内容。

"三达德"的养成重在勇毅力行，坚持到底。孔子在教育实践中始终贯彻这一精神要旨。

有一次，孔子和弟子们优游讲学于郊野。听说附近住着一位远近闻名的老农，年已 70 岁，身体健康，勤劳俭朴，遇事礼让，附近百姓遇到大小事都去找他询问，有什么纠纷口角也请他出面调解，只要他说一句话，问题就解决了，便很想前去拜访他。

孔子一行找到了老农的居所。只见房屋虽小，但墙壁用泥抹得平整光亮，屋顶茅苫盖得整齐严实，屋内屋外打扫得干干净净。孔子和弟子进入屋内，只见老人腰背挺直，正在厨房用陶鬲煮饭。见到这些不速之客，老人连忙放下炊具，躬身相迎。

孔子向老人介绍了自己的身份和来意。接着问道："老人家，你还有什么亲人吗？"

老人答："有一个儿子和儿媳、孙子。"

孔子又问："你这么大年纪了，为什么不同他们一起生活呢？"

老人说："他们孝顺我，好的东西常常先给我享用，孙子也经常来看我，身上的衣服全是儿媳做的。现在我自己还能自理，若和他们生活在一起，就加重了他们的负担，所以就自己独立生活了。"

孔子说："这也算得是父慈子孝了！"

老人随即取来盂，装着饭吃了起来，边吃边说："香啊！甜啊！先生你看这饭是多么香啊！你不嫌弃的话，也请你尝尝。"

孔子高兴地接过老人送上的饭，恭敬地祭天地后，也跟着有滋有味地吃了起来，就像在吃国君分给他的祭肉一样。

老人又为每人盛了一盂，孔子边吃边赞赏地说："好啊，真是又香又甜的美食！"吃完饭后，他们又和老人闲聊了一阵，才起身告辞。

在路上，子路问老师："先生，陶鬲和盂是最粗陋的炊具器皿，用它煮的饭食是最低下的饭食，先生如何吃得这样高兴呢？"

孔子说："一个喜欢劝谏君王的臣子，其必然时时想着的是君王；一个

孝顺的儿子，当他拿着美味的佳肴后，必然先想到的是他的父母；一个想为百姓做好事的人，也必然是和百姓想的一样。今天，我不是看他的炊具器皿是否尊贵，而是看他待人的态度，老人虽已年迈，但有那样健康的心态对待他人，享受人生，真的令人如沐春风啊！他的那份热情难道不感染你吗？"

颜回说："从他的盛情就可看出，他是个道德高尚的人啊！"

孔子接着说："知足常乐，心地坦坦荡荡，这种高尚的人寿命将会很长。这就是仁者不忧啊！"

一天，孔子带着子路、子贡、颜回路过农山。农山险峻高耸，景色秀丽，孔子师徒即登山一游。登上山顶后，孔子望着壮丽山河感叹说："登高望远，令人心潮澎湃，你们各自来谈谈心中的志向吧！"

子路忙趋前说："我愿那前面宽旷的平原上，有一大队手执刀、枪、斧、钺的人马，呼啸着朝我杀来，在这样的阵势前面，我一人敢于仗剑杀敌，得地千里。"

孔子说："仲由，你真是勇士啊！"

子贡接着说："赐愿出使齐国和鲁国。这两个国家将要大战于广大平原，正当两军对峙之时，我敢站立于两军阵前，凭三寸不烂之舌，消弭战事，解除两国战争带来的痛苦。"

孔子说："端木赐呀，你的确能言善辩！"

两人听了孔子的评说后，颇感高兴。

而颜回却默然不语。孔子便招呼道："回啊，过来，你也来谈谈吧！"

颜回回答说："论文武之事，他们两人都已说过，我在这些方面远不及他们，我还有什么可说的呢？"

孔子说："他们虽然都说了自己的愿望，但我还是想听你的志向啊！"

颜回说："回曾听说过那极香的薰草和臭味难闻的莸草是不能同藏于一个器皿之中的，贤君尧和暴君夏桀是不能共同治理一个国家的，这叫物以类

学而不厌，诲人不倦

聚，人以群分。回只希望得一个圣明的君主，我就去忠诚地辅佐他，并在广大的百姓中，全面施以父义、母慈、兄友、弟恭、子孝的教育，引导他们的行为遵循礼乐，使国家的城郭可以不修而无忧患，沟池不修而无人逾越，把剑、戟、斧、钺等兵器全用来铸造农具，把那些作战用的牛马都放于水草丰富的原野上，使每个家庭再无离散的忧虑，使天下千秋万代免除战争祸根。这样，那仲由也用不着一人陷阵了，赐也不用那样滔滔雄辩了！"

孔子听后高兴地说："回啊！你的愿望真好，这就是智者不惑啊！"

子路一时不明白孔子的意思，便问："先生，我们都说自己的志向，你认为哪个符合你的心意呢？"

孔子极目远眺，神色肃穆地对着3个弟子说："我的愿望是实现一个人民安居乐业，天下永世太平的大同世界，使'老者安之，朋友信之，少者怀之'，颜回所说的才是我的真正愿望啊！"

孔子一行从农山回到馆舍，大家还在议论不休。孔子今天特别高兴，他看到了颜回的仁德之心，也批评了子路的蛮勇，冷落了子贡的巧辩。

子路对先生今天的告诫没有想通，不太心服，他暗想：先生过去曾说过"勇者不惧"，我也是个勇者不惧的人，为什么今天不赞同我的观点呢？

于是他径直地去找孔子，问道："先生，您不是说勇者不惧么，而且还赞誉勇者有坚忍不拔的精神，勇往直前的力量！然而，先生今天在评论弟子的志向时，似乎与您过去的说法矛盾啊！"

孔子说："仲由呀，我说的'勇者不惧'，是有道德标准的。这个标准就是'义'，要依义而行。否则，就会恃勇逞强，给自己、给别人、给社会带来无穷后患！"

子路又问："一个好勇的人就会出现后患吗？"

孔子说："若是一个人血气方刚而不具有仁德，一旦别人对他怨恨，他就会凭自己的勇猛而激发作乱的。"

子路又问："那有仁德的人不是也崇尚勇吗？"

孔子说："一个有道德的人崇尚勇敢的，但崇尚勇敢时却把正义看作头等要紧的事。"

子路在众弟子中是最好勇又好义的，然而偏于意气用事也是一个缺点。孔子对他这一点非常忧虑，不时予以告诫，今天也是针对子路这个弱点而说的。

孔子见大家再没说话，便笑着说："我的主张如果行不通，只好驾一条独木舟漂流到海外去归隐，到那个时候，恐怕能跟随我的只有子路了！"

子路听到这句话，有点急不可耐的样子。孔子见状指着子路笑着说："子路的武功、勇气都超过我，但是他的脾气也超过我啊！"

子路又问："先生，假使您打仗，您带哪一个？您总不能带颜回吧？他营养不良，体力不够，您总应该带上我吧？"

孔子听了子路的话笑了，他对子路说："你像一只发了疯的老虎一样，站在河边就想跳过去，跳不过也想跳，这样有勇无谋怎么行？像你这种脾气，要打仗绝不带你，要带一定要带能做到'临事而惧，好谋而成'的人，遇事谨慎小心、深谋远虑的人，才能统帅三军啊！"

众弟子听了先生这番教诲，都受益匪浅。

孔子意犹未尽，他接着说："有德者必有言，有言者不必有德。仁才必有勇，勇国不必有仁。"

子路今天也深受启发，暗暗反省过去的鲁莽行为，内心愧疚起来。

孔子看出了他的心思，慈爱地对子路说："仲由呀！你的性格坦诚，敢想敢问，敢于发表自己的见解，先生就是喜欢你这样的人啊！一个道德高尚的人要做到3点，这就是'仁者不忧，智者不惑，勇者不惧'，可称之为'三达德'，你要随时用这3条来要求自己啊！"

子路说："请先生放心，仲由一定这样去做！"

子贡说："这3条不正是先生品德的自我写照吗！"大家都高兴地笑了起来。

孔子以"仁、智、勇"为"三达德"，并以此来教育弟子，使"三达德"成为儒家传统思想的一部分。其中仁是核心，智所以知仁，勇所以行仁，三者形成智、情、意一体的德性。

儒家一贯推崇勇德。孔子把勇作为践履仁德的条件之一，认为勇必须符合于礼义，并能智勇双全。勇德，作为传统道德的基本规范之一，强调的是勇毅力行，是人类社会带有共同性的传统美德。

在我国传统伦理文化中，表达勇的道德品质的概念还有刚、毅等。其内容主要包括体仁能慈、行义循礼、明智善断、临危不惧、知耻力行等。

直观地解释，"勇毅"就是做事有胆量、有勇气、有毅力；"力行"就是身体力行。由此可见，人格的完善，社会的进步，重心不在于言，而在于行。

勇毅与怯懦相对立，也与蛮勇、冒险相区别。勇毅只有从一定的原则和目的出发，即同"义"联系起来，才具有道德价值。

总之，"勇毅力行"是中华民族在践履道德方面所具有的德性和德行，或者说是在道德意志方面所体现的美德。

柳公权戒骄戒躁成名

柳公权，字诚悬，京兆华原（即今陕西铜川市）人。唐代著名书法家。柳公权书法以楷书著称，与颜真卿齐名，人称"颜柳"。

他的书法初学王羲之，后来他观遍唐代名家书法，认为颜真卿、欧阳询的字最好，便吸取了他们二人的长处，形成了自己的柳体，以骨力劲健见长，后世有"颜筋柳骨"的美誉。

柳公权从小就显示出在书法方面的过人天赋，他写的字远近闻名，他因此有些骄傲。

有一天，他遇到了一个没有手的老人，发现老人用脚写的字竟然比他用手写得还要好。

自此，他发奋练字，手上磨起了厚厚的茧子，衣袖补了一层又一层，仍然毫不松懈。他学习颜体的清劲丰肥，也学欧体的开朗方润，学习行草体的奔腾豪放，也学宫院体的娟秀妩媚。

他经常看人家剥牛剔羊，研究骨架结构，从中得到启示，于是不断改进字体的结构。他还注意观察天上的大雁、水中的游鱼、奔跑的麋鹿、脱缰的骏马等，把自然界各种优美的形态都熔铸到书法艺术里去。经过勤奋练习，虚心学习，最终成为一代书法大师。

学而不厌，诲人不倦

志于道，据于德

子之燕居，申申如也；夭夭^①如也。

子曰："甚矣吾衰也！久矣吾不复梦见周公^②。"

子曰："志于道，据于德^③，依于仁，游于艺^④。"

子曰："自行束脩^⑤以上，吾未尝无诲焉。"

【注释】

①夭夭：行动迟缓、斯文和舒和的样子。

②周公：姓姬名旦，周文王的儿子，鲁国国君的始祖，他是孔子所崇拜的"圣人"之一。

③德：德者，得也。能把道贯彻到自己心中而不失掉就叫德。

④艺：艺指孔子教授学生的礼、乐、射、御、书、数等六艺，都是日常所用。

⑤束脩：干肉，又叫脯。束脩就是十条干肉。孔子要求他的学生，初次见面时要拿十条干肉作为学费。后来，就把学生送给老师的学费叫做"束脩"。

【解释】

孔子闲居在家里的时候，衣冠楚楚，仪态温和舒畅，悠闲自在。

孔子说："我衰老得很厉害了，我好久没有梦见周公了。"

孔子说："以道为志向，以德为根据，以仁为凭借，活动于六艺范围之中。"

孔子说："只要自愿拿着十条干肉来见我的人，我从来没有不给他教诲的。"

【故事】

晏子巧语责齐王

晏子是春秋后期一位重要的政治家、思想家、外交家。他是齐国上大夫晏弱之子，以生活节俭，谦恭下士著称。据说晏婴身材不高，其貌不扬。

齐景公特别喜欢养鸟。有一次，他得到一只非常美丽的鸟，派一个叫烛邹的人，给他养这只鸟。可是，过了几天，那只鸟飞走了。齐景公气得直跺脚，大声喊道："烛邹，我要杀了你！"

站在一旁的晏子说："是不是先让我宣布烛邹的罪状，然后再杀也不迟。"

武士们把烛邹绑来了。晏子绷着脸，严厉地对他说：烛邹，你犯了死罪，罪有三条：

第一条，大王叫你养鸟，你不留心让鸟飞走了；

第二条，你使国君为一只心爱的鸟要动手杀人了；

第三条，就是这件事让别人知道了，都会认为我们国君只看重鸟而轻视百姓的生命，从而看不起齐国。所以国君要杀死你！

齐王明白晏子是在责备自己，他干咳了两声，说："算了，算了，把他放了吧！"

接着，齐王走到晏子面前，拱手说道："若不是您及时开导，我险些犯了大错呀！"

管宁 16 岁割席拒友

管宁，三国时人，著名学者。少年好学，家境艰难，有读书为国为民的思想。

管宁出生在三国时期，他 16 岁那年，父亲去世了，家里的日子过得很艰难。他的亲戚们都很关心他，有的送来了衣服，有的送来了粮食，他坚决不收，决心要完全靠自己的劳动养活自己。他为了实现自己的这一意愿，打点行装到外地去寻师访友，学习知识和本领。

管宁在外地一边替人干活，一面寻找老师。他白天一有空闲，便去寻访，终于找到了一位好老师。管宁见这位老师有很多学生，就决心留下来学习本领。

同学们对人和善，见管宁远道而来，都很关心他。其中有个名叫华歆的同学与他特别好。两人情同手足，难分你我。学习的时候，他们坐在一张席子上读书；休息的时候，他们一起翻地种菜，挑水施肥。

有一次，管宁和华歆在后院锄地，忽然从地里刨出一块黄澄澄的金子来。管宁不为钱财所动，装作没看见，依然埋头锄地。华歆看见了黄金，两眼睁得大大的，脸上露出惊喜的神色，马上把那块黄金拾起来，擦去泥痕，往自己的怀里揣。可是，他看见管宁还在专心锄地，感到很惭愧，只得把已经揣进怀里的黄金掏出来，丢到地边去，仍然跟着管宁一起锄地。

还有一次，管宁和华歆正并排坐在一张席子上读书。忽然，门外响起了一阵锣声，原来是一个大官从此经过。华歆一听见锣声，就东张西望，心神不定了。又过了一会儿，他终于经不起诱惑，丢下书，跑出去看热闹了。

那个大官坐着八抬大轿，带着一队威风凛凛的仪仗队。华歆看得眼都红了，直到轿子走远了，他才回来。他看看管宁，依然在席子上用功读书，他觉得不可理解，于是大声说道："刚才那位大官乘坐八抬大轿，前呼后拥，威风凛凛，真有气派……"

他见同学们只顾读书，对他的话没有兴趣，于是提高嗓门，重讲一遍那个大官的排场，然后无限羡慕地说："将来我要是做了官，也一定要坐这样的八抬大轿，仪仗队的人数还要多一些，比他更威风！"

管宁听了华歆的话，望着他洋洋得意的样子，立刻拿起一把小刀，把他们坐的席子割成两半，然后对华歆说："看来，你是为做官发财而读书，没有一点为国为民的思想。现在我才知道，你我志向不同，成不了好朋友。以后咱们不必坐在一张席子上了，各人读各人的书吧！"

良相典范房玄龄

房玄龄 12 岁时，在随父亲去京师一行之后，他综合听到、看到的情况，经过多日的思考、分析，认为大隋帝国一定会很快灭亡。

房玄龄 12 岁时所分析的隋朝大势，10 年后得到了证实：农民起义的熊熊烈火，埋葬了隋王朝，暴君隋炀帝死在了扬州。

隋炀帝继位后，滥用民力，挥霍无度，短短几年，隋朝经济凋敝，民不聊生，各种矛盾激化。一些隋朝官吏也拥兵自重，伺机取隋而代之。

617 年，太原留守李渊在长子李建成、次子李世民等辅佐下起兵反隋，挥师南下，沿汾水进军关中。在李世民所部进抵渭水以北时，房玄龄从隰城赶来投靠李世民。两人一见，便如平生旧识，马上任其为记室参军。

随后，房玄龄在唐军入据关中、建立唐朝及李世民挥军取河陇、北救晋阳、东定中原、攻取河北等统一战争中，均尽其所能，给秦王李世民出谋划策。

在作战中，唐军每歼灭一部敌军，别人争着寻求珍宝之物，房玄龄则总是先收揽各种人才，安置在幕府之中。发现有谋臣猛将，他便想方设法与之结交。因此，那些谋臣猛将愿为李世民尽其死力。

在用人问题上，房玄龄还常给李世民出主意。

例如，杜如晦原是秦王政府兵曹参军，不久迁陕州长史。房玄龄认为杜如晦人才当用，便向李世民建议说："杜如晦，王佐人才。大王欲经营四方，非如晦不可。"

李世民接受了这一建议，将杜如晦又调回秦王政府。后来，杜如晦与房玄龄一起，跟从李世民东征西讨，参谋帷幄。"玄龄善谋，如晦能断"，二人配合默契，同心辅佐李世民，为唐朝统一天下立下巨大功勋。

李渊称帝后，分封自己的4个儿子。长子李建成忌妒次子李世民的才华和功绩，欲谋害李世民。

志于道，据于德

对李世民兄弟之间的尖锐矛盾情况，房玄龄与长孙无忌、杜如晦等一起多次劝李世民杀李建成和李元吉。李世民又征询了其他僚属的意见，终于下定决心于626年夏发动了"玄武门之变"，射杀李建成、李元吉等。

不久以后，李世民接替李渊当上了皇帝，论功行赏，以房玄龄、长孙无忌、杜如晦、尉迟恭、侯君集五人为第一，封房玄龄为邢国公。

房玄龄于628年当上了宰相。

他处理政事尽心竭力，用法宽平，深受李世民信任。因此，李世民诏令他主持制定唐朝律令。

房玄龄研究前朝的律令后认为，旧法中的很多规定不符合情理。因此，他在制定唐朝律令时，努力做到有理有据。

他主持制定的唐律共 500 条，立刑名 20 个，其中削烦去害、变重为轻的条目多不胜记。他还主持制定唐令 1590 条，统一规定了枷、杻、钳、鏁、杖、笞等刑具的长短宽窄。他还删节唐朝建立以来的皇帝诏令，定留 700 条，颁布执行。

房玄龄崇尚儒学，所以极力推崇孔子。李渊当皇帝时，国学之中的庙堂以周公为先圣，孔子配飨。房玄龄等建议以孔子为先圣，颜回配飨。李世民诏令执行。在房玄龄等倡导下，唐朝大收天下儒士，根据他们的学识，分别予以录用；还扩大各类学校招生。

李世民多次亲自到国学听博士讲授儒学。四方儒士也纷纷负书而至长安。吐蕃、高昌、高丽、暹罗等少数民族的酋长也派子弟进长安入学。国学之内学生接近万人，前所未有。唐初形成的这种教育兴旺的局面，与房玄龄的积极倡导是分不开的。

唐太宗李世民晚年好大喜功，滥用民力。

643 年，朝鲜半岛上的高句丽和百济联兵进攻亲近唐朝的暹罗。645 年，李世民不听房玄龄劝谏，下诏进攻高句丽，结果损兵折将。

后来，李世民又改用轮番攻扰的办法，试图先疲惫高句丽后大举进攻，结果也没有得到多少好处，反而激起邻国的不满，国内人民怨声载道。

649 年，房玄龄在病榻之中上表，请求太宗以天下苍生为重，罢军止伐高句丽。太宗见表，甚为感动。

临终之际，李世民亲至其病床前握手诀别，当场授予其子房遗爱为右卫中郎将，房遗直则为中散大夫，使其在生时能看见二子显贵。

房玄龄去世以后，太宗为之废朝 3 日，赠太尉，谥曰"文昭"，陪葬昭陵。后来，他又把房玄龄列入"凌烟阁二十四功臣"，并时常前往怀念。

天下第一谏臣魏徵

魏徵的父亲魏长贤精通文史，博学多才，曾做过北齐著作郎，后因直谏朝政，贬为上党屯留县令。父亲正直倔强的品质，对青少年时代的魏徵产生了很好的影响。

然而由于父亲去世较早，家业也因此衰落。穷困的生活，并没有磨灭魏徵的意志，他性格坚强，胸怀大志，喜好读书，多所涉览，尤注意于历代兴衰得失之道，这为以后他的从政、治史打下了厚实的基础。

魏徵备经丧乱，仕途坎坷，阅历丰富，他对社会问题有着敏锐的洞察力，而且为人耿直不阿，遇事无所屈挠，深为精勤于治的唐太宗所器重。

唐太宗屡次引魏徵进入卧室，请教执政得失，魏徵也喜逢知己之主，知无不言，言无不尽，对于朝政得失，频频上谏。

魏徵的谏诤涉及面很广，除了军国大事外，还对唐太宗其他一些不合义理的做法提出善意的批评。很多时候，尽管唐太宗对魏徵的尖锐批评一时难以接受，但他毕竟认识到魏徵是忠心奉国，有利于国家长治久安。

魏徵鉴于隋末人口流亡、经济凋敝、百废待兴的事实，力劝唐太宗偃武兴文，实行有利于国计民生的休养生息政策。

唐太宗即位之初，曾与群臣谈及教化百姓之事。唐太宗认为，大乱之后，恐怕难以教化。魏徵则认为，长久安定的人民容易自满，自满就难以教化；经历乱世的人民容易愁苦，而愁苦就有利于教化。这就像饥饿的人渴望食物，焦渴的人渴望饮水一样。

唐太宗采纳了魏徵的建议，制定了经国治世的基本国策，对于"贞观之治"有着深远的影响。

魏徵还提出了以静为本的施政方针。

他认为，隋朝虽然府库充实，兵戈强盛，但由于屡动甲兵，徭役繁重，虽然富强，最后失败，其原因就是因为"动"。现在唐朝初定，在大乱之后，人心思治，所以当以安静为本。他以静为本的思想，主张社会有个安定的环境，与民休养生息，以恢复和发展社会经济。

志于道，据于德

为了防止劳役百姓，魏徵还劝谏唐太宗停止周边诸国的入朝贡献，并停止一些规模较大的活动，以减少国库的开支。

在当时，文武百官都以为封禅为帝王盛事，又天下乂安，屡次请求东封泰山，唯独魏徵不同意。

他认为，尽管唐太宗功高德厚，国泰民安，四夷宾服，但皇上大规模车驾东巡，千乘万骑，其费用实属不该。唐太宗在魏徵的规谏下，又恰遇河南、河北数州闹水灾，就停止了东封活动。

魏徵认识到，帝王修饰宫宇，奢侈无度的结果，必然会疲劳百姓。在与唐太宗谈及此事时，魏徵曾以隋亡为鉴，说隋炀帝大兴土木，劳民伤财，提醒唐太宗切忌奢侈，以防重蹈覆辙。

唐太宗曾让人在益州及北门制造绫锦、金银器，魏徵就上言，劝阻此事。唐太宗东巡洛阳，住在显仁宫，因州县官吏供奉不好，大都受到了谴责。魏徵认为这是渐生奢侈之风的危险信号，于是马上给他敲一下警钟。

有一次，唐太宗问魏徵何谓明君暗君？

魏徵率直地回答说："君之所以明，是因为他兼听；君之所以暗，是因为他偏信。"

他主张君主兼听纳下，听取臣下的正确意见，以克服君主的主观片面性。帝王久居深宫，视听不能及远，再加上自己的特殊身份，很难了解社会实际。可见，兼听纳下，也是魏徵的政治思想之一。

唐太宗在实践中推行了兼听纳下的思想，调整了君臣关系，改变了帝王传统的孤家寡人做法。而臣下也对朝廷施政中的失误之处，积极上书规谏，匡弼时政。如此一来，君臣同舟共济，集思广益，上下同心，从而开创了贞观年间的谏诤成风的开明政治。

在一次奏疏中，魏徵援引了管仲回答齐桓公在用人问题上妨害霸业的5条：一是不能知人；二是知而不能用；三是用而不能任；四是任而不能信；五是既信而又使小人参之。可以说，知、用、任、信、不使小人参之，基本上概括了魏徵的吏治思想。

知人是用人的首要问题。在用人问题上，魏徵特别强调君主的知人。魏徵指出君主知人，才能任用忠良之士，这是天下致治的先决条件。

魏徵认为识别人臣的善恶是知人的一个重要内容。魏徵认为，在不同的时期，在用人标准上并不是一成不变的。在天下未定时，一般是专取其才，天下太平之时，则非才德兼备者不可任。

他的这一用人思想，是和变化的客观形势相适应的，也是可取的。赏罚分明，不徇私情，也是魏徵的用人思想中的一个内容。此外，他也反对重用宦官。

在这方面，唐太宗很多时候都采纳了魏徵的意见。

魏徵在与唐太宗等人讨论创业与守业之难时认为，要守成帝业，使国家长治久安，最重要的就是居安思危。他认为居安忘危，处治忘乱是由于帝王忘乎所以，无心政治，因而导致了国家的危亡与覆灭。

他以此提醒唐太宗，要小心在意，时刻保持着高度的警觉。魏徵常以亡隋为借鉴，以说明居安思危的迫切性。他总结隋亡的教训，作为唐太宗治理国家的一面镜子，以做到居安思危，警钟长鸣。

639 年，魏徵趁唐太宗诏五品以上官员议事之机，全面地、系统地总结了政事不如贞观之初的事实，上奏唐太宗，这就是著名的《十渐不克终疏》。疏中列举了唐太宗搜求珍玩，劳役百姓，昵小人、疏君子，频事游猎，无事兴兵等 10 条弊端，言辞直白，鞭辟入里，再次提醒唐太宗慎终如始。

唐太宗看完奏疏后，欣然采纳，并对他说："朕今天知道自己的过错了，也愿意改正。如若违背此言，再无面目见到诸位爱卿！"

说完亲手解下佩刀，赐予魏徵，还赐予魏徵黄金 10 斤、马两匹。魏徵喜逢知己之主，竭尽股肱之力，辅助唐太宗理政，已成为唐太宗的左手右臂，以至于助成"贞观之治"。

魏徵不但是一位杰出的政治家，也是一位著名的史学家。他对历史有深刻的了解，善于将历史经验和现实问题结合起来，以史为鉴，以此论治道，劝唐太宗。

他根据唐太宗的诏令，修撰了《周史》《齐史》《梁史》《陈史》《隋史》五朝历史。五部史书总监虽是房玄龄，但房玄龄政务繁忙，魏徵是实际的总监。

他还亲自动手，撰写了《隋史》的序和论，还为《梁书》《陈书》《齐史》写了总论。他治史谨严，有"良史"之称。

636 年，五朝史书修撰完毕，唐太宗为嘉奖魏徵，加封魏徵为光禄大夫，进封郑国公。

642 年，魏徵病重，唐太宗下手诏慰问。

魏徵居室简陋，生活俭朴。唐太宗还特别下令为他建了一个正厅，还赐给屏风等物。

同年秋，唐太宗说："方今群臣，忠直没有超过魏徵的。"于是，罢去魏徵的宰相职务，拜为太子太师。魏徵去世时，唐太宗亲临魏家哀悼，悲痛异常。他停朝 5 天，令百官参加葬礼。送葬时还登楼遥望魏徵灵柩，还亲自为魏徵写了碑文。

唐太宗对魏徵的去世，十分悲痛。曾感叹地说：

人以铜为镜，可以正衣冠；以古为镜，可以见兴替；以人为镜，可以知得失。魏徵没，朕亡一镜矣！

他的这段话，可以说是对魏徵的历史性评价。

范仲淹大义创义庄

宋代程朱理学的发展，进一步强化、发展了儒家思想；同时，科举制度的完善，从政治制度上保证了士大夫群体必然是一个精英知识分子阶层。应该说，"士大夫"这一阶层在宋代正式形成了。

宋代绝大多数士大夫都怀有"先天下之忧而忧，后天下之乐而乐"的崇高道德使命感，这是范仲淹流芳千古的名言。这句话不仅概述了宋代士大夫的义利价值取向，也是他自己一生的真实写照。

范仲淹，生于河北真定府，即现在的河北省石家庄正定县。北宋时期著名的政治家、思想家、军事家、文学家和教育家。他"先天下之忧而忧，后天下之乐而乐"的情怀，与儒家"先义而后利者荣，先利而后义者辱"的思想如出一辙。

范仲淹的"忧乐"也就是儒家的"义利"，忧乐的先与后，境界不一样。先忧后乐，即儒家的先义后利，就是光荣的，而颠倒了位置，就是一种耻辱。范仲淹以儒家经义而致时用，在创立义庄一事中得到了充分体现。

范仲淹对设立义庄、资助族人一事已经深思熟虑。1049年，范仲淹调往杭州做知州。他拿出毕生大部分的积蓄，在苏州吴县捐置良田千亩，让其弟找贤人经营，收入分文不取，成立公积金，目的是对范氏远祖的后代子孙义赠口粮，对婚丧嫁娶也均有资助。第二年设立义庄，开始以田租为资金来源，救济族众。这种善举感动天下，全国范姓族人视范仲淹为圣贤而敬之。

范仲淹为义庄制订管理章程，作为义庄运转依据。建立的米、绢、钱发放的对象、数量、方式、管理、监督等事项，都有具体可操作的规定。

义庄主要是周济宗族的，顾及乡亲和姻亲。宗族发放对象不论贫富，粮食、布匹、奴婢口粮、红白喜事及其他急难事宜，周济范围非常宽泛。周济对象特别照顾无经济收入的妇女，对再婚妇女并无歧视，义庄制订了相关的管理、监督规矩。

义庄的设立使范氏族人受惠颇多，他们每天可领米 1 升，每月可以领粮 3 斗作为果腹之资。每逢数九寒冬，他们可领取棉布一匹，以抵御寒潮侵袭。

若逢红白喜事，他们也可从义庄得到相应资助，使人生大事得以圆满。义庄还修建许多新房屋，供给族人免费居住。

义庄除注重保障族人的基本生活外，更注重族人文化素质的提高，希望族人们都能饱读诗书，终有一日，金榜题名，光宗耀祖。因此庄内设有义塾，为族人提供免费教育，族人若进城赴考，义庄也将为他们提供盘缠，解除了他们的后顾之忧。

为避免因田租发生争执，有伤族内和气，义庄通常雇佣佃户耕种田地，而族人不得耕种。义田属于宗族的共同财产，若有不法之徒胆敢侵吞，整房亲友都将受到株连，而他本人非但救济资格要被取消，甚至要被拖到官府问罪，许多贪徒因此畏而止步。

义庄管理者通常由德高望重的长者担任，接受族人的监督，报酬与管理绩效挂钩。若是管理得当，族人能按时领取钱米，大家都满意叫好，则报酬优厚；若是管理不当，亏损严重，拖欠族人钱米，引得怨声一片，则报酬较低。因此，管理人在亲情、财富、声望等诸多因素的驱动下，恪职尽守，努力将义庄经营得更好。

义庄鼓励族人捐赠田地，不仅可以使其他族人得到更多帮助，更可以使本人流芳百世，为族子族孙所铭记。因此，但凡族人经商成功、官场得意，为了避免锦衣夜行的尴尬，他们常会大量购买土地捐给义庄，使范氏义庄的规模越来越大，不为时代所淘汰。

义庄的设立使范氏族人生活得到保障，即使在天灾人祸面前也能安居乐业。因此，当地官府对其青睐有加，极力支持，而范仲淹父子本身就是朝廷要员，注重义庄与官府沟通，以求获取更多的庇护。

范仲淹为官清廉，生活极度节俭。据说，范仲淹晚年有一习惯：入睡前在心里合计家中一日的饮食等费用，家庭费用与所做的事情相称才能安心入眠。如此奉己甚严，可以理解范仲淹大量购置义庄的钱财从何而来。

范仲淹逝世后，他的儿子范纯仁、范纯礼又将义田扩充，并根据实际情况，"随事立规"，先后8次续订规矩，使义庄管理更趋严密。

范氏后裔多有热心义庄事务、事业者。南宋宁宗庆元、嘉定年间，范仲淹第五世后裔范之柔与兄弟范良器等重新整顿义庄，极力经营，恢复了义庄原来的规模。范之柔将过程与规矩禀明朝廷，皇帝为此下旨颁布施行。

义庄的建立，也使范氏家族极其兴旺，子孙众多，繁衍昌盛，人才辈出。而同时代的许多达官巨宦却常如昙花一现，仅历经数代就陷入凋敝，令人感叹。

范仲淹开启了宋代慈善事业的一个新时代。宋代受范仲淹启发、感召，朝廷的许多高宫达贵效仿学习，在家乡设立义庄。如范仲淹以后的宋神宗时副宰相吴奎、宋徽宗时宰相何执中等，都曾经从事各种慈善事业。

范仲淹的义庄也对后人从事慈善事业有深远影响。历代当地官府也多有积极参与义庄之重整者，监督义庄规矩的贯彻实施。历代朝廷也都特别下诏，免除范氏义庄所应承担的差役和部分赋税。直至清代末期宣统年间，义庄仍然有田产5300亩，运作良好。这一切都是范仲淹巨大的人格、道德魅力感染所致。

范仲淹开创的义庄慈善事业，充分显示了他的"先天下之忧而忧，后天下之乐而乐"的儒家情怀。大义之举，必得延续，义庄的生命力之强，前后运作800多年，前无古人，后无来者，成为中华民族慈善事业的一大奇观。

苏轼的慈善仁义之举

宋代士大夫普遍以天下大义为重，而在这些人当中，苏轼对于义利有特殊的认识。他提倡义利互为共用，更认为义是人生追求的境界。他的这种认识，是他个人修养的结果。

苏轼，号称"东坡居士"，四川眉山人。北宋时期文学家，豪放派词人的主要代表之一，"唐宋八大家"之一。

苏轼出生在一个富有文学修养的家庭，父苏洵列"唐宋八大家"之一，母亲出身书香门第，知书达理，仁惠贤淑。苏轼幼年时，母亲教导他读的《后汉书·范滂传》中记载，后汉时期，范滂上书弹劾奸党，不幸失败被捕，范滂的母亲深明大义，支持儿子的义举，范滂英勇就义。

年幼的苏轼仔细阅读了范滂的故事，对母亲说："母亲，我长大之后若做范滂这样的人，您愿不愿意？"

苏母抚摸着苏轼的肩膀，笑着回答说："你若能做范滂，难道我就不能做范滂的母亲吗？"

苏母的教导，加之父亲的熏陶，已经在苏轼幼小的心灵撒下了道义的种子，日后必将开花结果。苏轼后来进士及第，步入仕途。身居宦海，他因政见不同而一贬再贬，但范滂那样的大义之人已然根植心中，因此即使身在朝堂之外，也不忘"义"字，多有义举，将义作为自己人生追求的最高境界。

1089 年，杭州瘟疫流行，时任杭州知州的苏轼，情急之中带头捐献私帑，引发众商人、乡绅赞助，与官家合办"安乐坊"，是我国最早的民间救济医院。

苏轼在杭州创办"安乐坊"是有因有果的。他身为知州，自知理应关心民瘼，造福一方。当时杭州瘟疫流行，必须安抚病民，及时解决医疗，这是为官之本。再说他自任黄州团练副使时，就寻师访友钻研医道、讲究药理，据传"安乐坊"有一种治瘟疫的特效常用药"圣散子"，就是他和僧医共同研制而临床使用的。

"安乐坊"聘僧医主之，医愈千人，功绩明显，百姓赞扬，社会影响很大。后来由两浙漕臣上报朝廷并得到批准，于是民间救济医院"安乐坊"改名为官办的慈善医院"安济坊"。而且还下有医愈病人的考核指标，凡完成者，赐紫衣外，还奖祠部牒一道。

祠部牒在当时可以卖，每牒价值170贯钱。苏轼为救杭州灾民，就将皇上特赐的100道度牒卖得17000贯钱，换米赈济灾民。

苏轼为杭州百姓做过的好事是有口皆碑的，除了办"安乐坊"外，他关心民瘼，为民做主，疏湖筑堤，浚六井，以至于他离开杭州，杭州城百姓"家有画像，饮食必祝，又作生祠以报。"

苏轼贬谪惠州时，有职无权，在不得签署公事的情况下，苏轼仍不忘"兼济天下"，处处关怀老百姓。在力所能及的范围内，为惠州人民做了大量的义举善事。

一次，苏轼在陪广南东路提刑程正辅游博罗香积寺的时候，看到寺后的溪流，想到惠州人民生产工具极其落后，便向程正辅提出建造水碓水磨的建

议，并嘱县令林圻大力推广。这样一来，惠州老百姓不仅可以用来舂米磨面，还能把檀香木等舂成香屑，远销广州等地。

他还通过博罗等县令，推广新式农具秧马，让农民坐着插秧，省时省力，效果很好。

1095年正月初一，博罗城发生大火，全城付之一炬。苏轼便去信请求程正辅通令地方衙门，发放粮食救济灾民，并且禁止向灾民摊派，否则"害民又甚于火矣。"

惠州驻军缺少营房，大多散居市井，苏轼又致书程正辅，建议修建营房，解决了军民纠纷的难题。苏轼还为惠州无主的枯葬营葬，以安息亡灵；还建议广州官吏引蒲涧山滴水岩的水入城，解决居民饮水问题。

苏轼目睹岭南缺医少药，百姓又无钱治病，很多人因而病死，便积极施医散药，救死扶伤。如用姜、葱、豉制成汤，浓煮热呷，防治流行疾病，效果果然很好。后人将苏轼和宋代科学家沈括两人历年收集的药方，合编为《苏沈良方》，成为古代重要的医书。

另外，苏轼还常常运用他的影响来为百姓办事。例如，苏轼助施自己腰间的犀带，还带动弟媳捐出皇帝赏赐的数千黄金，在西枝江上，用40艘船做成浮桥，起名为"东新桥"。又在丰湖上，先筑进两岸为堤，然后建桥一座，取名"西新桥"。

1100年，苏轼在最后贬至海南琼州后获赦还北，北返后卜居于常州阳羡。因无居所，拜托友人邵民瞻为他买了一处宅院，以了却其多年租田借屋之苦，也免除了家人流离失所之困境。新屋共需500贯钱，苏轼拿出了所有家当，才偿付了屋款。

新居没住几天，一天夜里，苏轼和邵民瞻月下散步，偶然来到一村落，忽然听到一个妇人悲切的哭声。苏轼的心一紧，心想妇人为何哭得如此伤心，难道是有什么心爱之物难以割舍吗？于是和邵民瞻进屋询问。

原来，老妇人的祖屋被不孝的儿子擅自卖掉，那可是祖上留下的百年家业，一旦卖掉，如何对得起祖宗？苏轼听了也为老妇人难过，问老妇人故居在哪里？才知道竟是他自己刚刚用 500 贯所买下的房子。

苏轼再三抚慰老妇人，对她说："您不要难过，你的旧居是我买了，我这就把房子还给你。"于是，立即让人把房契取来，当着老妇人的面把它烧了，叫她母子明天就搬回老屋，却没有让他们返还买房子的钱。

没了房子住的苏轼想再买房已经是不可能了，他回到常州，不再购置宅院，而是借塘桥孙家的居所暂时做休憩之用。没想到，一个月之后，一代文豪苏轼竟病殁于借住之所。

谁都知道，那栋倾囊买下的老屋对苏轼有多么重要。苏轼从海南回到阳羡，他多想就此安居下来，不再漂漂荡荡，不再长途奔走，他要和那些逆旅中的辛酸做个告别，在避风的港湾咀嚼一路走来的悲欢。然而，他还是舍弃了最后安歇的机会。他的心是那般善良，老妇的哭泣，足以让他这位大文豪俯身追问。

这种义薄云天的伟大胸襟，他在自己最后岁月，用行动再次证实给世人。

苏轼无论做官还是做文，首先想到的是做人。人立正了，在这个世界就有了底气。哪怕受到攻击，他始终是恪守做人的道德良心，真诚地表达着他的仁义之心。他以义无反顾的大义之举，诠释了儒家的义德义理，立于天地，光照华夏。

用之则行，舍之则藏

子曰："不愤①不启，不悱②不发。举一隅③不以三隅反，则不复也。"

子谓颜渊曰："用之则行，舍之则藏④，惟我与尔有是夫！"子路曰："子行三军⑤，则谁与？"子曰："暴虎⑥冯河⑦，死而无悔者，吾不与也。必也临事而惧⑧，好谋而成者也。"

【注释】

①愤：苦思冥想而仍然领会不了的样子。

②悱：想说又不能明确说出来的样子。

③隅：角落。

④舍之则藏：舍，舍弃，不用。藏，隐藏。

⑤三军：古代大国有左、中、右三军，这里泛指军队。

⑥暴虎：空拳赤手与老虎进行搏斗。

⑦冯河：无船而徒步过河。

⑧临事而惧：遇到事情便格外小心谨慎。

【解释】

孔子说："教导学生，不到他想弄明白而不得的时候，不去开导他；不到他想出来却说不出来的时候，不去启发他。教给他的东西，他不能举一反三，那就不用再教他了。"

孔子对颜渊说:"用我呢,我就去干;不用我,我就归隐,只有我和你才能做到这样吧!"子路问孔子说:"老师您如果统帅三军,那么您和谁在一起共事呢?"孔子说:"赤手空拳和老虎搏斗,徒步涉水过河,死了都不会后悔的人,我是不会和他在一起共事的。我要找的,一定要是遇事小心谨慎,善于谋划而能完成任务的人。"

【故事】

燕昭王谦虚招贤纳士

战国时,燕国是中原诸侯国中最北边的国家,燕昭王继任后,决心使燕国强盛起来。有一位名叫郭隗的人,很有见识,隐居深山。燕昭王听说,亲自到深山里去登门求教。

郭隗见燕王有复兴燕国之志,为人又谦虚宽和,礼贤下士,言辞又诚挚恳切,就说:"大王要使国家强盛起来,就要广招人才。要广招人才,就必须让人都知道大王爱惜人才。这样,天下的贤才就会争着来为大王效力了。"

燕昭王说:"怎样才能使人们相信呢?"

郭隗说:"大王不妨从我开始,天下人知道像我这样的人都受到大王的器重,那些比我才高的人定会来。"

燕昭王为了表示对郭隗的尊敬,单独给郭隗筑起一座高台,在台上建筑了华丽的馆舍,还在这高台上放置许多黄金任郭隗花用。这件事很快传遍四方,人们都知道燕昭王是真心实意地敬重人才,礼贤下士。一些有真才实学的人,都聚集到燕国来。经过几十年的共同努力,燕国果然强盛起来。

执法如山的包拯

包拯在 28 岁时考中了进士，从此踏上仕途。当初考取进士后，担任大理评事，实职为建昌知县。

但包拯考虑到父母年纪大了，不忍心离开，就推辞没有去就职，后来调任和州管收税的官。父母不愿离开家乡，包拯就辞掉官职，日夜侍奉双亲，这样过了 10 年。

父母相继去世后，包拯还在父母的坟旁建造了一个茅屋守孝。守孝期满后，还在父母坟前徘徊，久久不愿离去，最后经别人劝说，才到吏部报到。

包拯做官期间，每到一个地方都为当地人民做了不少好事。由于他认真处理政事，执法如山，铁面无私，所以很受人民爱戴。

包拯在出任扬州天长知县时，一天，有个农民来告状，说他家的牛昨晚被人割了舌头，请求查清此案为民伸张正义。

包拯询问了一些问题，估计是冤案，但没有证据，就对农民说："你先回去吧！"

那农民不走，说："我的牛流血不止，不能吃东西，怕是活不长了，那该怎么办？"

包拯说："你回家把牛宰了，但不要声张。"

按照当时的法律是不能私自宰杀耕牛的。农民回家后，真的把牛给杀了。

几天后，有人举报说："有人违反官府命令私自宰耕牛。"

包拯盘问："你知道他为什么宰杀耕牛吗？"

那人回答："不清楚，听人说好像是舌头割掉了。"

包拯脸一沉，说："给我拿下！"

那人大吃一惊，"扑通"一声跪倒在地，连忙认罪求饶，一桩奇案立刻真相大白。从此民间流传有个审判牛舌案的包公。

包拯刚到庐州时，县衙门口告状的人忽然多了起来。包拯感到奇怪，于是亲自到县衙了解实情。原来好多人是告包拯的舅舅抢占民田，欺压百姓。

包拯很生气责问县令："这些案件为何不审理？"

县令说："那些人是诬告，我已命令派人把他们赶跑了。"

包拯听了更生气，厉声问道："你怎知是诬告？身为县令，你本应为民做主，却不体恤民情，反把告状的人赶跑，理应将你查办。姑念你是初犯，暂且放过。你现在要加紧审理！"

县令并不知道包公是什么意思，还以为他与其他的上司一样要贪污包庇，所以不知如何是好。按法律应该逮捕包拯的舅舅，但是他不敢这样做。

因此，他吞吞吐吐地说："包大人，现在公务繁忙，这个案子就先压一下。"

包拯坚决不同意，他亲自派人将舅舅缉拿归案。

包拯夫人董氏劝他手下留情，包拯说："不是我包拯无情无义，是舅舅胡作非为，天怒人怨，我是这里的父母官，理应执法严明，不

徇私情，大公无私。舅舅横行乡里，鱼肉百姓，我如果宽恕了他，不依法惩治，我就无法再管理这庐州了。"

包拯的儿媳崔氏也来求情。包拯对儿媳说："舅爷照顾你，我很感激，可这和案子是两回事，他犯了法，我如不执法，告状的百姓会怎么看我，他们还会相信官府吗？"

包拯把平民百姓送来的一份份状子摆在面前，又令衙役找来原告，然后让衙役将舅舅带上大堂。

包拯舅舅发现坐在堂上审他的是自己的外甥，气得浑身发抖。

包拯怒喝道："大胆罪犯，你扰乱乡里，不但不老实认罪，反辱骂本官，有失体统！拉下去，打！"

衙役立刻将舅舅拉下，重打40大板。那些同包拯舅舅一样横行霸道的乡绅都在府衙门外等候，当他们听到"啪啪"的板子声，都大惊失色，吓得屁滚尿流。从此，这些人再也不敢肆意妄为了。

人们都赞扬包拯为民除害。包拯执法严明，不徇私情，得到了民众的爱戴，同时也震慑住了一批横行不法的乡绅。

有一年发大水，河道阻滞，积水不通，经过调查，是一些地主侵占河道用来修筑花园。包拯下令，清除全部河道上的建筑。地主们不肯拆除，拿出一张地契狡辩说那是他家的产业。包拯经过仔细调查，发现地契是地主自己伪造的，他十分恼火，立即下令地主拆掉花园，并向宋仁宗揭发那些地主的恶行。地主见包拯执法如山，公正廉明，怕事情闹大了对自己不利，便乖乖地拆了花园。

包拯在开封府当府尹时，改变陈规，采取有利于百姓申冤的措施。开封府原来规定百姓到府衙告状，不能直接到公堂向知府递交诉状。

诉状由"牌司"传递，老百姓为了自己的诉状能够递上去，只有花钱贿赂他们，否则诉状就递不上去。包拯于是让老百姓直接到大堂陈述案情，为了方便，甚至连通往大堂的小门都拆了。

包拯在任天章阁待制、知谏院事期间，以唐代的魏徵为榜样，敢于直谏。他多次当面批评皇上朝令夕改，失信于民的行为，并积极向皇上进言要听取和接受合理的意见，明辨是非，爱惜人才，端正刑法。

包拯当监察御史时，有一个叫张尧佐的人，因为他的侄女得到宋仁宗的宠爱而得到三司使的高位，包揽了全国的贡赋和财政事务。他贪婪成性，对老百姓大加搜刮，引起人们的强烈不满。有许多官员向宋仁宗告张尧佐的状都被扣住了。

包拯知道后，亲自去拜见宋仁宗，劝说仁宗"不要爱屋及乌，使没有才德的人身居高位，使天下人失望"。宋仁宗虽不愿意撤张尧佐的官，但还是照办了。改任为地方节度使，包拯认为不妥，又上书苦谏。宋仁宗因怕宠妃生气，不忍革去张尧佐之职，包拯以辞官归隐威胁宋仁宗，宋仁宗只好相让，永远不提升张尧佐的职。

当时有个叫王逵的人，曾任湖南、江西、湖北等地的路转运使，每到一地他都要随意加派苛捐杂税，侵吞公款。包拯屡次上书弹劾。宋仁宗才把王逵贬为徐州知州。

由于王逵关系网十分严密，不久又恢复原职。包拯得知后，第七次上书，直言王逵之恶，指责其"不管到哪里任职，都不讲法理。残酷地对待百姓，民怨极大，恳请罢免其职务，以免天下百姓受累"。

由于包拯据理抗争，宋仁宗罢免了王逵，为民除了一大害。此事在民间广为流传。包拯弹劾官吏不避权贵。郭承佑是宋太宗的孙女婿，并且是宋仁宗皇后郭氏的族人，所以职务升迁很快。包拯在应天府时，因弹劾郭承佑贪污受贿、结党营私而遭到贬黜。

过了不久，宋仁宗又派郭承佑负责代州的边防。代州是防御辽朝的最前线，战略地位极为重要，而郭承佑却不懂军事。包拯从国家利益出发，上书请求罢免郭承佑，另选军事能人。这次，宋仁宗听取了包拯的意见。包拯弹劾官吏完全是根据他本人的实际情况执公进言，绝无个人恩怨，因此，连被弹劾的官员也无话可说。

1041年，包拯调到端州，即今广东省高要县做知州。端州是当时每年进献给皇帝的贡品端砚的产地。

因为有利可图，在包拯来之前的知州，都趁机向老百姓征收大量的端砚，送给朝里的大官们，换取升官发财的机会。

包拯到端州以后，不但没有贪污一块端砚，而且派人查清以前官吏贪污端砚的情况，然后严格规定按每年20块的数量制造端砚，官员贪污的端砚一律交公，百姓制砚的工钱由官府付给，给当地百姓减轻了负担。同时也得罪了其他的有权有势的贪官污吏。但是，包拯一点儿也不害怕。

包拯主持三司期间改变了过去的一些做法。以前，凡是各种封藏于仓库供皇帝用的物品，都从各地摊派，造成百姓困难。包拯特此设立市场，实行公平买卖，此后百姓不再受到侵扰。

泰州、陕州、斜谷一带官府衙门的造船木材，大都是向百姓征来。契丹在关塞附近聚集军队，边境的州郡经常发来警报，朝廷命令包拯到河北征调军用粮草。

包拯上书说："漳河一带是一片肥沃的土地，然而大多被用来牧马，请把这些土地全部交还百姓，让他们耕作种植。"

解州池盐的专卖法令，加重了百姓负担，包拯到那里筹划，请准一律听凭自由买卖。这些建议都被朝廷采纳。

包拯性格严峻正直，他厌恶官吏盘剥百姓，他不轻易与人相交，不会用伪装的笑脸来讨别人喜欢，当时曾流传着包拯的笑脸和黄河的水变清一样难以看到。平时没有私人请托的书信，旧友、亲戚同乡都断绝往来。

包拯虽然当官了，可是衣服、饮食同当平民时一样，这在宋代官场上是绝无仅有的。

他还经常嘱咐孩子们说："我的后代子孙做了官，若有犯贪污罪的，就不得回老家，死了不许葬在祖坟中。不顺从我的心意，就不是我的子孙。"

包拯在一次处理政务时，突然感到身体不舒服，旋即病逝，终年66岁。由于包拯正直无私，赢得了历代人民的衷心敬仰，他的事迹妇孺皆知，形象被神化，他的英名千古流传。

满腹经纶的耶律楚材

耶律楚材天资聪敏，自幼勤学苦读，博览群书，到青年时期，不仅在天文、地理、律历、术数等方面颇有造诣，并且深谙儒学，精于佛道、医卜之说。17岁时，被征召到尚书省做个副官。

1215年，耶律楚材在成吉思汗平定金国之后绝迹于世，弃俗投佛。而此时的成吉思汗逐渐感到人才的重要，他听说耶律楚材是位难得的人才，便遣人求之，询问治国大计。楚材即应召前往。

耶律楚材学识渊博，很快受到成吉思汗的宠信，成吉思汗亲切地称他"吾图撒合里"，而不叫他的名字。"吾图撒合里"，在蒙古语中的意思是胡子很长的人，表示很有学问。

蒙古军队在对自己的宗主国金国实施了一连串痛击之后，又集中精锐之师攻打西夏。在攻打灵州这个西夏的军事重镇时，破城之后，蒙军众将士，无不争掠妇女、财物，独有耶律楚材在收集散佚的书籍和大黄等药材。

同僚们对他的行为感到疑惑。不久，兵士们因为长期风餐露宿，疫病大作，幸得耶律楚材用大黄配制的药材救命，所活至万人。

1227年，成吉思汗病逝。依照蒙古国的惯例，成吉思汗的四子拖雷获得

其父的直接领地，即斡难河及客鲁连河流域一带蒙古本部地方，并且代理国政。

在此期间，燕京城中社会秩序颇为动荡，有许多凶恶的盗贼天还没黑，他们动不动就拉着牛车闯入富家，拿走财物，不给就杀人。拖雷认为只有耶律楚材可以处理好这件事，于是特遣耶律楚材和中使塔察儿前往整治。

耶律楚材在掌握大量的证据基础上，毫不手软地将触禁者——缉拿归案，将其中16个罪大恶极、民愤最大的首犯，绑赴刑场处极刑。从此，燕京的巨盗绝迹，百姓们得以安宁。

1229年，拖雷已监国两年，按照成吉思汗的遗命，帝位应传给太祖三子窝阔台。

成吉思汗还有一条特立的法制：凡蒙古大汗，如当新旧交续之时，必须经王族诸将及所属各部酋长，召集公开会议确定之后，方可继登汗位。

这年秋天，成吉思汗本支亲王、亲族齐集在克鲁伦河畔，议定汗位的承继。会议开了40天，拖雷在耶律楚材的力谏下决定让窝阔台即位做大汗，自己继续监国。

登基朝仪是耶律楚材精心拟制的。为了确保朝仪的顺利进行，事先耶律楚材选中了察合台亲王，作为带头执行者。在正式的登基大典上，察合台率领众皇族和臣僚向窝阔台汗跪拜。

这样，耶律楚材一举除掉了蒙古国众首领不相统属的旧习，制定了尊卑礼节，严肃了皇帝的威仪。盛典进行得很顺利。

这些粗犷成性、散漫惯了的蒙古君臣，在日常的执行过程中，有许多人仍难以适应。为此，窝阔台汗准备惩治那些违制的臣子。

耶律楚材上奏说："陛下刚登帝位不久，对他们以宽恕为宜。"

窝阔台汗采纳了他的意见，果然效果很好。

耶律楚材建议实施的恩威并举，反复整顿的各项措施，有力地维护并逐渐健全了朝廷礼制。

1231 年，蒙古国经过休养生息，国力更为强盛，窝阔台汗决定南征灭金，派遣大将速不台率领大军进围汴京。

1232 年正月，金国将领崔立发动汴京政变。汴京在蒙古军猛攻下城陷指日可待。这时速不台奏请窝阔台汗，待城破之后屠城，窝阔台汗点头同意。

耶律楚材听到屠城预谋，急忙驰骑赶来入奏，力主不要屠城。窝阔台汗终于动了心，立刻准其所请，下令只把金国皇族完颜氏杀掉，其余一律赦免。自此以后，废了屠城之法。

4 月，蒙军入汴京。当时为逃避战乱留居汴京者 147 万人，皆得保全性命。

1234 年正月，蒙、宋合兵攻入蔡州，金国遂告灭亡。河南初平，蒙军俘获甚多。军队返回途中，逃走的俘虏十有七八。

窝阔台汗下令：凡是收留逃民和供给他们衣食的人，一家都处死，同时乡亲邻里也要受到连坐。

由此逃者不敢求舍，沿途不敢留宿，以致饿殍遍野。

耶律楚材念及民心向背，又进谏说："河南既然平定，那里的百姓都是陛下的子民，他们还能走到哪里去呢？何必因为一个俘虏，让数百或几十人一同连坐处死。"

窝阔台汗醒悟，遂撤销此禁令。

金亡之后，西部秦、巩等 20 余州久未攻下。耶律楚材向窝阔台汗献计说："过去我们百姓中的逃犯，可能集中在这些地方，所以他们拼死抵抗，如果准许不杀他们，那么这几个州将会不攻自下的。"

窝阔台汗下诏赦免逃亡旧罪，又宣布废弃杀降之法。诸城果然接连请降。

自窝阔台汗即位后，中原已在蒙古军掌握之中，此时此际，力兴文教，崇奉儒术，已经是当务之急。耶律楚材在进入汴京后，赶忙遣人入城收求孔子后人，找到了孔子第五十一代孙孔元措，奏请袭封为"衍圣公"。并给予孔元措林田庙地，为之修孔庙，建林苑。

耶律楚材还命令招收太常寺因战乱散亡的那些礼乐生，还征召著名的儒生梁陟、王万庆、赵著等人，叫他们把儒家经典译成口头语，讲解给太子听。

耶律楚材亲自带领大臣们的子孙，手捧着经书解释其中意义，使他们领会圣人的学说。耶律楚材在燕京设立编修所，在平阳设置经籍所。正由于这样，文化事业兴旺发达起来了。

蒙古贵族崇尚武功，根本没有税制观念。耶律楚材深知如今的蒙古国已是一个多民族的国家，长治久安之计是推行汉人的做法，大力发展农业，如果保守地强调畜牧是狭隘的，是不合国情的落后政策。

基于这样的认识，耶律楚材对窝阔台汗说："陛下您将南上征伐，军需物资应该及时供给，如果能合理地制定中原地区的地税、商税及盐、酒、铁冶和山林河泊等项上缴国家的税收，每年可以得到白银 50 万两、帛绢 8 万匹和粮食 40 余万石，足以满足军队的需要，这不远胜于变农为牧吗？"

窝阔台汗经过认真考虑，认为颇有道理，便命耶律楚材全权筹划，实行征税制度。

窝阔台汗灭金之后，蒙古君臣计议编制中原民户，以便征收赋税。经过多次争议，最后按耶律楚材的想法实行。

这样，用老、幼年牵制着青、壮年，使初步编制的户口比较稳定地存在下来。等大臣献上各地户籍时，窝阔台汗一时忘乎所以，竟许诺把部分州县赐给各亲王和功臣。

耶律楚材对此陈述了分封之害："分割土地和人民，容易产生彼此间的猜疑与矛盾，不如多赏赐给他黄金和绢帛。"

可是，窝阔台汗既已许诺，苦于不便食言，楚材便为之想了个变通办法："那就朝廷设置官吏，到各州县去收赋税，每年年终把赋税颁发给诸王功臣，使他们不能擅自科征，这样就行得通了。"

窝阔台汗依计而行，遂确定了财政税收办法及数额。

就这样，元朝的税制初步健全，形成按户、地、丁三者并行科税的制度。

耶律楚材还着手制定了手工业、商业和借贷等项制度，统一度量衡，确立钱钞通行之法等。

在一次蒙古诸亲王的集会上，窝阔台汗亲自给耶律楚材奉觞赐酒，由衷地说："我之所以推心置腹地任用你，这是因为先帝太祖的遗命。没有你，就没有中原的今天。我之所以能够高枕无忧，都是你努力的结果。"

由于这样的知遇之情，也由于耶律楚材的气质和胆略，使他能够在国家政治生活中发挥着极重要的作用。

1241年，窝阔台汗突然染病不起，稍稍好转，又要骑马负弓。窝阔台汗不听耶律楚材谏阻，连续疯狂驰骋5天，结果死于外地行宫。

窝阔台汗一死，汗后乃马真竟然自己临朝称制，耶律楚材一时难以阻挠，只是徐图良策。乃马真后崇信奸邪，朝政紊乱，政事都被搞乱了。耶律楚材终于愤悒成疾，于1244年抱恨长逝，卒年55岁。

耶律楚材以其智慧与能力，引导元朝统治者看到了汉文明的优越，使蒙古帝国本身没有的礼仪、赋税制度建立起来，使蒙古落后的分封制和部落联盟的管理制式逐渐消失，使蒙古幼稚的法制得以发展成长。他在蒙古部落向元朝过渡的创业中功不可没。

李汰黄金难换腐儒心

与于谦相比，明代李汰遵行儒家重义的道德原则，是一个以清廉为大义的官员。正如试金石可以试出黄金的成色一样，黄金则试出了李汰作为一个儒者的清白与高洁。

李汰是明代湖北蕲水人，文章颇有功夫，受到朝廷重用。虽身居要职，在钱财面前毫不动心。

明成化年间，一次，李汰受命到福建主持秋闱考试。他到达福建后，许多考生纷纷打听他的住处，希望能打通关节进行贿赂，但都未得其果。

一天夜晚，守门的人忽然进来向李汰报告："大人，外面有个来人说是您的同乡，姓张，想要见您。"

李汰很感诧异，自己的同乡确有张某，但素无来往，已经10多年未见，深夜拜访，不知有何要事。于是示意守门的人让张某进来。

张某进来后，先是叙旧，随后四顾无人，从怀中取出两锭各10两的黄金，捧到李汰面前，直言道："我有一小儿，今年参加秋试，希望你看在同乡面子上，给照应照应。"

李汰听了同乡的话后，便面带微笑诚恳地说："你我同乡，有事拜托我，按理说我不应当推辞，但此事违背了一个主考官的原则，我万万做不到。"

张某坚持要李汰收下，就说："您是主考官，小儿的前程，全在您一句话。区区薄礼，请您收下，算是我的一点心意。"

李汰说："依我看，你还是让贤侄回去好好读书吧，不要尽想着走捷径。将来有了本事，自然会通过考试，有所作为的。"

张某一再要送，李汰坚持不收，并端起了茶杯，示意送客。

我国自古以来就是礼仪之邦，人际交往讲究"礼尚往来"，相互馈赠礼品表达心意非常普遍。有的官员在人情面前，往往心软面慈，难过人情关。而那些来请托办事之人，常常顶着同乡、同学、故知的名号，打的是感情牌，乃是要利用官员手中权力为自己牟取好处。

李汰非常清楚，张某就是打着这种"礼尚往来"的幌子，实际上做的是权钱交易的买卖，他送的是厚金重礼，为的是主考官手中权力所带来的丰厚利益。自己一旦被收买，就会完全失去了考试的公平原则，最终损害的是众多考生的利益和国家的利益。

李汰认为，不该做的事绝对不做，不能让私人感情干扰公务。于是，他让守门人找来一大块木匾，饱蘸笔墨，在上面奋笔写了一首拒贿诗，并署上自己的名字。然后，和守门的人一起，搭上梯子，连夜悬挂在科场的门楣之上。

第二天，人们看见在科场的门上，高悬着一块大匾，上面还有一首题诗，线条刚健有力，笔法气势磅礴。诗写道：

义利源头识颇真，黄金难换腐儒心。

莫言暮夜无知者，须知乾坤有仙神。

这首诗写得正气凛然，旗帜鲜明地表明了主考官李汰本人的态度。表现了一个古代知识分子的铮铮硬骨。人们看后，个个拍手称快，都说主考官是个公正的人。

良心金不换，贪欲鬼神知。那个送礼的张某，本想再找机会贿赂李汰，但看到这块大匾后，真是又气又羞，只好改变主意，揣起黄金回老家去了。

古人拒绝贿赂的方法很多，有的厚谢婉拒，有的题文自勉，有的明牌警告，有的棒打送礼，这些方法都很有效，也一直为后人赞颂和学习。这些拒贿方式，其实关键是自己要树立以义为美，以利为耻的人生态度，才能始终保持一颗洁净之心，做到干净干事，清白做人。

李汰以诗拒贿，并明示于人，表明他在道义和利益面前，仍然保持着清醒的头脑和明辨是非的能力，没有丢失正气，不被黄金迷住心窍，在公务往来中抱节自守。

李汰虽然在诗中自称"腐儒"，但这种"腐儒"作风与当时有些考官的"机灵"行为形成鲜明的对比，显得尤为珍贵，更值得后人永远敬仰。

张员外不发不义之财

明代商品经济的发展，义利冲突成为商业活动中常见的问题。而明代末年一位不出名的山西商人张员外，能够谨遵儒家"以义取利"的传统，创造了非同一般的人生。

张员外在嘉湖一带经营粮食生意。他虽然不是巨富之人，但在义与利的问题上，却有着自己独特的理解和行为规范。

张员外反对以卑劣的手段骗取钱财，做到了"利信义出，先予后取"。作为一个小小的山西商人，他同样鲜明体现了晋商群体"以义制利"的义利观。

有一年大灾，嘉湖一带农业歉收，城里米价上涨，一些狡猾奸诈的商人看到这个情形，反而把米粮存积起来，待价而沽，不肯出售。于是，很多老百姓都没米吃，引起了很大的恐慌。朝廷官员向朝廷报告这个灾情，却一直没有得到朝廷的及时回复和拨粮。

张员外看了这个情形，很是忧虑。有好几次，在夜深人静之时，他都听到大街上传来孩子喊饿的哭叫声。那一阵阵的哭声，撕扯着张员外的心，使他彻夜难眠。

为了让人们有米吃，张员外毅然决定：把家里的存米半价出售！

用之则行，舍之则藏

这一天，张氏米店外竖起了一块很大的牌子，上面写着："为救灾荒之危，本店所存之米，一律半价出售。"还在下面用括号括进"赊现均可，歉赊丰还"8个字。

人们听了这个消息，纷纷拿着大兜小袋，蜂拥来到张氏米店。米店前排起了长长的队伍，张员外吆喝伙计抓紧忙活，有现钱购买的，有赊账开据的，人声鼎沸。伙计们个个忙得满头大汗，不亦乐乎。

凡是来到张氏米店的人，没有一个空手回去的，都装满了手里的兜兜袋袋，个个快乐得不得了，心想这下可以吃上饱饭了，更是打心眼里感激张员外。

张员外又想到了那些极贫苦的人，他们没有钱买米，而且他们自己也没有偿还能力，也就没来赊米，现在仍然在挨饿。于是，张员外又掏钱办了一个粥厂，决定施粥济民。

张员外让粥厂负责人先统计一下贫苦人家的人数，据此制作餐券，然后贴出告示，让他们来领餐券。粥厂根据餐券的发放量，煮米为粥，按券发送，一日三餐，每餐白粥一大碗，咸菜一小碟。

许多贫苦的人空着肚子来，吃得饱饱地回去，大家都称颂张员外是个"活菩萨"。

面对人们的赞誉，张员外却很谦虚地说："荒年米价比较贵，半价出售和赊米给大家，是为了怕奸商乘机赚钱，害得大家没有米吃。至于施粥的费用也不多，只要大家都有饭吃，我就觉得很安慰了。"

张员外不断地将米半价出售，又持续地施粥给穷人，家里的钱也渐渐用完了。但是，歉收带来的缺粮恐慌不可能马上平复，张员外心里十分焦急。

张员外想：在这样的时候，如果把救济的事儿停止了，一般贫民就会有饿死的可能，那自己当初的救济不就等于白费了吗？想定了主意，张员外就去和夫人商量。

张员外和夫人说："现在我们还有一部分家产，我应该把这些产业变卖了，继续救济才是。做善事不能半途中止，救人救到底！"

张员外的夫人生于大户人家，自幼知书达理。她自从和张员外结婚后，两人感情很好。她深知自己的丈夫虽是商人，但心地善良，崇尚节俭，勤奋上进。她深信丈夫的事业会有更大发展，所以深明大义，夫唱妇随。夫妻两人恩恩爱爱，举案齐眉，很是融洽。

贤德的张夫人听了丈夫的话，非常赞成，并且说："积存产业给子孙，如果不是积德，万一子孙不成才，没出息，就算是金山银山也会用尽；如果积德给子孙，虽然没有留家产给他们，但是将来如果子孙好，还是会富裕起来的！田地房屋，就由你做主变卖，我还有许多珠宝首饰，也一起卖了吧！"

张员外听了，不住嘴地称赞夫人："夫人，你真是通情达理，真是菩萨心肠啊！"

夫人笑笑说："快别贫了。其实这些金银首饰我也用不着，都是浮产，放在那里也没什么实际用处。现在，咱就去把值钱的东西找一找，拿出去卖了吧！"

两人找出值钱的东西，拿到当铺换了银两，用这些银两继续做善事，直至饥荒的现象完全消除了，他们才恢复营业。

张员外做出这样的决定，并不是一时冲动，而是认认真真地算过一笔良心账的。

他想：自己这些年全仰仗嘉湖一带的百姓，是这里的衣食父母给自己带来了收益，挣了钱。眼下正当灾荒之年，正是自己回报他们的时候，只有救急赈灾，才能使自己赢得更好的声誉，有利于今后的发展。两者相比，孰重孰轻，不言自明。

张员外放粮施粥，赢得了一方百姓的赞誉和信任，荒年过后，那些到过张氏米店接受救济的人，几乎都成了张员外的主顾，生意自然也日渐兴隆。

张员外的粮食生意越做越大，周围几百里方圆的地方，都有他的业务。随着收入的增加，他又扩大了经营项目，收益更加可观了。

张员外过世后，他的子孙延续了一代又一代，每一代家中也都有产业。而且由于良好的口碑传颂不断，官府也很重视，他的子孙中有不少人被官府赐予官职，管理地方上的市场。人们都说："张员外当初救济受灾的人，这些都是他老人家所积的德啊！"

张员外这种"为义让利"的宽阔胸怀，足以让那些短视的商人无地自容。而他这种毫不利己、专门利人，甚至是损己利人的做法，在大灾之年是极为罕见的，也为所有商业经营者树立了榜样。

用之则行，舍之则藏

求仁而得仁

子曰："富而可求也，虽执鞭之士①，吾亦为之；如不可求，从吾所好。"

冉有曰："夫子为②卫君③乎？"子贡曰："诺④，吾将问之。"入，曰："伯夷、叔齐何人也？"曰："古之贤人也。"曰："怨乎？"曰："求仁而得仁，又何怨。"出，曰："夫子不为也。"

【注释】

①执鞭之士：古代为天子、诸侯和官员出入时手执皮鞭开路的人。意思指地位低下的职事。

②为：这里是帮助的意思。

③卫君：卫出公辄，是卫灵公的孙子。公元前492年—前481年在位。他的父亲因得罪于卫灵公而被卫灵公驱逐出国。灵公死后，辄被立为国君，其父回国与他争位。

④诺：答应的声音。

【解释】

孔子说："如果富贵合乎于道就可以去追求，虽然是给人执鞭的下等差事，我也愿意去做。如果富贵不合于道就不必去追求，那就还是按我的爱好去干事。"

冉有（问子贡）说："老师会帮助卫国的国君吗？"子贡说："嗯，我去问他。"于是就进去问孔子："伯夷、叔齐是什么样的人呢？"（孔子）说："古代的贤人。"（子贡又）问："他们有怨恨吗？"（孔子）说："他们求仁而得到了仁，为什么有怨恨呢？"（子贡）出来（对冉有）说："老师不会帮助卫君。"

【故事】

赵奢不畏权贵收税

战国时，赵国有一个叫赵奢的人，做过田部吏。因为他善于用兵，后来当了赵国的大将。在秦赵交战时，他曾率军大破秦军，因功被封为马服君。

在赵奢当田部吏的时候，有一次征收租税，平原君赵胜家不愿意交租税，赵奢依法杀了在平原君手下为虎作伥的九个打手。平原君大怒，要杀掉赵奢。

赵奢毫不畏惧，他对平原君说："你身为赵国的贵公子，纵容家人抗租不交，这是无视国家法律的行为。国家的法律削弱了，国家就要衰败，国家衰败了，各国诸侯就会出兵攻赵，我们赵国就要灭亡了。到那时，你还能有现在的荣华富贵吗？"

平原君听了赵奢的话，觉得非常有道理。于是平原君就禀报赵王说赵奢是一个很贤明的大臣，赵奢也因此得到了赵王的进一步重用。

曹操割发以明军纪

严于律己是笃实宽厚美德的内涵之一，它的要求是要严格地约束自己的一言一行。三国时期的杰出政治家、军事家和诗人曹操就是这样的人。

曹操，带兵军纪严明，并且以身作则，带头遵守，因此他的军队很有战斗力，很快就消灭了多股强大的军阀割据势力，并统一了北方。

曹操看到中原一带，由于多年战乱，人民四处流散，田地荒芜，就采纳部将的建议，下令让军队的士兵和老百姓实行屯田。很快，荒芜的土地种上了庄稼，收获了大批的粮食。

有了粮食，老百姓安居乐业了，军队也有了充足的军粮，为进一步统一全国打下了物质基础。看到这一切，大家都很高兴。

可是，有些士兵不懂得爱护庄稼，常有人在庄稼地里乱跑，踩坏庄稼。曹操知道后很生气，他想，浩浩荡荡的大军，如果不加约束，肯定会把大片的庄稼损坏。于是下了一道极其严厉的命令：全军将士，一律不得践踏庄稼，违令者斩！

将士们都知道曹操一向军令如山，令出必行，令禁必止，决不姑息宽容。所以此令一下，将士们小心谨慎，唯恐犯了军纪。将士们操练、行军经过庄稼地旁边的时候，总是小心翼翼地通过。有时，将士们看到路旁有倒伏的庄稼，还会过去把它扶起来。

老百姓看见曹操的官兵这样爱护庄稼，没有不称颂的。有的望着官军的背影，还跪在地上拜谢。

有一次，曹操领兵出征，要经过一片麦田。当时正是麦子扬花抽穗的季节，他再次号令三军："士兵不得损坏麦子，违犯命令的处死。"

命令一下，将士们个个小心翼翼。骑兵都下了马，用手扶起麦苗，以帮助马匹便于通过。

就在大军快要走过麦田时，突然"扑啦啦"一阵响，从路旁的草丛里窜出几只野鸡，贴曹操的马头上飞过。曹操的枣红马没有防备，被这突如其来的情况吓惊了。它嘶叫着狂奔起来，跑进了附近的麦子地。等到曹操使劲勒住了惊马，发现地里的麦子已经被跳跃着的马踩倒了一大片。

曹操心里感到很惭愧，立即叫来随行的主簿官，十分认真地对他说："今天，我的马踩坏了麦田，违犯了军纪，请你按照军法给我治罪吧！"

听了曹操的话，主簿官犯了难。按照曹操制订的军纪，踩坏了庄稼，是要治死罪的。可是，曹操是主帅，军纪也是他制订的，怎么能治他的罪呢？想到这，他说道："怎么能给丞相治罪呢？"

曹操说："我亲口说的话都不遵守，还会有谁心甘情愿地遵守呢？一个不守信用的人，怎么能统领成千上万的士兵呢？"随即抽出腰间的佩剑要自刎，众人连忙拦住。

这时，大臣郭嘉走上前说："古书《春秋》上说，'刑不上大夫'。丞

相统领大军，重任在身，怎么能自杀呢？"

曹操说："这怎么能行？如果大夫以上的高官都可以不受法令的约束，那法令还有什么用处？何况这糟蹋了庄稼要治死罪的军令是我下的，如果我自己不执行，怎么能让将士们去执行呢？"

主簿官又说道："丞相，您的马是受到惊吓才冲入麦田的，并不是您有意违犯军纪，踩坏庄稼的，我看还是免于处罚吧！"

曹操反驳说："不，你的理不通。军令就是军令，不能分什么有意无意，如果大家违犯了军纪，都去找一些理由来免于处罚，那军令不就成了一纸空文了吗？军纪人人都得遵守，我怎么能例外呢？"

主簿官头上冒出了冷汗，他想了想又说："丞相，您是全军的主帅，如果按军令从事，那谁来指挥打仗呢？再说，朝廷不能没有丞相，老百姓也不能没有您呀！"

众将官见大臣郭嘉和主簿官都这样说，也纷纷上前哀求，请曹操不要处罚自己。

曹操见大家求情，沉思了好久说："既然古书《春秋》上有'刑不上大夫'的说法，我又肩负着天子交给我的重要任务，那就暂且免去一死吧！但是，我不能说话不算话，我犯了错误也应该受罚。"

说完，曹操就抽出佩剑，挥手割断了自己的头发说："不治死罪，也要治罪，那就用我的头发来代替我的首级吧！"

曹操又派人传令三军：

丞相践踏麦田，本该斩首示众，因为肩负重任，所以割掉头发替罪。

在场的将士们，见了曹操的这一举动，个个都张口咋舌地称赞了一番。

不久，曹操统率这支严格训练，严明军纪的 2 万精兵，一举击败袁绍 10 万众兵，取得官渡决战的胜利。

剪头发是件很正常的事，可是，古代人认为自己的身体发肤是父母所赐予的，毁伤了它，就是不孝。割下人的头发，在当时还算是一种不轻的刑罚，被称作髡刑。

如果曹操当时置已经长熟的庄稼于不顾，任由军队乱马齐踏，遭殃的自然是辛苦了一季的百姓。以割发自刑，并不是做给旁人看的狡诈行为，主要是反映了他能以身作则的大将风度。

曹操作为封建社会的政治家，能够割发代首，严于律己，实属难能可贵。所以也就被后人传为佳话。

孙权察人律己之德

如果说曹操有严于律己之美，那么孙权更有察人律己之德。三国时期的孙权反对空谈，雅量容人，知错能改，因而能坐镇江东，成就一番事业。同样体现了儒家一贯提倡的笃实宽厚精神。

孙权的父亲与兄长在东汉末年群雄割据中打下江东基业，孙权自 19 岁执掌政务，后来建立东吴政权。其过人之处不仅在于他文治武功，英明有为，更有赖于他明察秋毫，明辨是非，而且自己也能够知错必改。

孙权在少年时，在哥哥孙策庇护之下，养成一些纨绔习气，每日呼朋唤友、吃喝玩乐，手头未免吃紧。而孙策虽为江东之主，却对弟弟要求严厉，平时绝少给零花钱。

孙权惧怕哥哥，又想花钱舒服，便去找管钱的吕范通融，意图弄些银两来花。不料吕范非常坚持原则，他正色说："银子不是没有，但必须按程序办事，我得先向主公报告，主公如果同意，我立刻给钱，否则不能擅动，请您包涵。"

这话说得不卑不亢，孙权碰个软钉子，灰溜溜走了。回去后，经手下人一怂恿，孙权放出狠话："待我掌权，一定杀了吕范"。

此话传到了吕范的耳里，吕范倒不害怕，只是微微一笑，之后遇到孙权来要钱，照旧秉公办事，并不买账。

两年之后，孙策让孙权到阳羡做代理县令。孙权有了权力，如鱼得水，时常公款私用。一天，孙策突然安排人对孙权进行"任中审计"，孙权知道在责难逃，吓出一身冷汗。

这时，孙策身边有一个叫周谷的功曹，惯于察言观色、心眼活络，见孙权忧心，以为邀功之机来临，便站出来替孙权连夜制造假账，成功地骗过孙策，使孙权躲过一场责罚。

孙权当时很高兴，拍着周谷肩膀说："日后等我掌权，肯定重用你。"周谷自然满心欢喜。

不久孙策亡故，孙权执掌政务，重新审视周围大臣。这时他才发觉，曾拒绝自己的吕范，为人忠诚可信，而迎合自己的周谷，却毫无操守，难以让人放心。于是，他对吕范委以重任，而将周谷毅然辞退。

成大业者，并非生而伟岸。孙权也曾不肖，但他成为江东首领后迅速完成角色转变，成功转型，不仅明辨是非，知材善用，而且也做到了知错必改，使自己的人格逐渐完善。这便是孙权的过人之处，也是他取得成功的根本。

在孙权重用的人才当中，张昭由于常常直接指出孙权的过错，因而与孙权的关系很有戏剧性。

张昭是东吴两朝老臣，他在孙权面前从来是直言不讳的，因此获得孙权的信任，也因此产生了矛盾。

有一次，远在辽东的公孙渊派人递降表，孙权一看，高兴极了，马上派张弥、许晏两人去授公孙渊为燕王。

张昭听了，马上阻止说："公孙渊背叛了魏国，怕因此受到征讨，所以才远道来求我们援助的，归顺不是他的本意。如果公孙渊改变了主意，打算重新获得魏国的谅解，就会杀人灭口，这两个使臣肯定回不来了。那样的话，不是白白送了他两人的性命而叫天下人耻笑吗？"

孙权说出了自己这样做的想法，但都被张昭一一加以驳斥。这样反复了几次，张昭一次比一次态度坚决，言词非常激烈。

孙权说不过张昭，觉得面子上过不去，就变了脸，拔出宝剑怒气冲冲地说："吴国的士人入宫则拜见我，出宫则拜见您。我对您的倚重也到了无以复加的程度，可是您却多次在大庭广众之下让我难堪，我真担心有一天会因为不能容忍而杀死了您。"

听了这些，张昭既没慌张又没退缩，他非常镇定地说："我之所以明知道您并不按我说的做，还满腔热忱地来规范您，是因为奉诏辅佐您啊！"说完，泣不成声。

孙权见状也感到伤心，把宝剑扔在地下，和张昭相对而泣。但孙权很固执，没有因此采纳张昭的意见，仍旧派张弥和许晏到了辽东。

张昭见孙权不听劝告，非常恼火，回府以后，就称病不理国事。孙权对他这样做很生气，干脆派人用土堵住了他的府门，表示永远不再用他为官。

张昭看孙权把他家门堵了，非常气愤，他也不示弱，索性在院里用土把里面的门也封住了，表示永远不出门为孙权办事。

张弥、许晏按照孙权的意图，来到辽东，公孙渊果真变了卦，把他们俩给杀了。孙权万万没想到真让张昭言中了，他很惭愧，觉得对不住张昭，就派人运走了堵在张昭门口的土，又几次向张昭赔礼道歉，可张昭不理，后来又派人前去，却都吃了闭门羹。

怎么办呢？孙权灵机一动，派人放火烧张昭府上的大门。他想，大火一着起来，张昭还不往外跑？到那时，自己不就看见他了吗？

孙权觉得自己主意不错。可是，张昭看见孙权放火烧门，索性坐在屋里不动，等着大火把他烧死。

孙权一看这招不灵，大惊失色，真怕火着起来把张昭烧死。于是，赶紧下令灭火。孙权在门口暗暗责备自己，恨自己办错了事，伤了这位股肱之臣的心。

张昭的儿子一看再僵持下去也太不像话了，就连劝带拉，硬逼着父亲去见孙权。孙权一看张昭终于出了门，就诚恳地请他到宫中一叙。

张昭来到宫里，孙权向张昭承认了错误，并表示今后要尊重他的意见，搞好君臣关系。张昭见孙权这样诚心诚意，满肚子的闷气顿时一扫而光，就又竭尽全力地协助孙权治理国家。

娄师德的宽厚品德

中华民族笃实宽厚的传统发展至唐代，已经渗透到社会政治生活和文化生活当中，对人们的气质、性格和精神都产生了巨大影响。唐代大臣、名将娄师德，就是一个将笃实宽厚传统美德发扬光大的人。

娄师德，自幼才思敏捷，20 岁便以进士及第授江都县尉。677 年，为了抵御来自吐蕃的威胁，娄师德毅然从戎，指挥唐军八战八捷，成为唐代抵抗吐蕃入侵的著名将领，深得武则天的赏识。

娄师德方口厚唇，为人宽厚，深沉有度量，即使冒犯他也不计较。一次他与内史李昭德一同入朝，娄师德因身体肥胖而行动缓慢，李昭德好几次停下来等他，他还是赶不上。

李昭德生气发怒，说："你这个只配种地的臭家伙。"

娄师德听了也不发火，笑道："我就是个种过地的人，如果我不是种地的人，还有谁是呢？"

娄师德才能非常，得到武则天的赏识，招来很多人的嫉妒，所以他谨慎自律，也要求家人不要张扬，凡事收敛。

娄师德有个弟弟被任命为代州刺史。临上任辞行时，娄师德对弟弟说："我现在得到陛下的赏识，已经有很多人在陛下面前诋毁我了，所以你这次在外做官一定要事事忍让。只要你稍稍有点过分了，人家就会嫉妒我们。"

他的弟弟跪下说："从今以后，即使有人把口水吐到我脸上我也不敢还嘴，把口水擦去就是了。我以此来自勉，绝不让哥哥操心。"

娄师德说："这恰恰是我最担心的。人家拿口水唾你，是人家对你发怒

了。如果你把口水擦了，说明你不满。不满而擦掉，人家就更加发怒。所以唾沫不能擦，要让他自己干掉，并以笑来承受，这样才是处世的充盈之道！"

这个"唾面自干"的故事，表明娄师德即使受了侮辱，也善于容忍而不加反抗。这是品德修养达到一定境界的表现。

有一次，娄师德遇到一个无知的街头混混，指名道姓地辱骂他，他就装着没有听到。

有人转告娄师德，娄师德却说："那是骂别人的。"那人又说："他明明喊你的名字在骂！"

娄师德说："天下难道没有同姓同名的人吗？"

这时，又有一个人感到不平，也替娄师德说话。娄师德说："他们骂我而你向我叙述，就等于再骂我一次。"

娄师德除了上述的优点外，还善于举荐人才。唐代著名政治家狄仁杰当宰相之前，娄师德就曾多次在武则天面前竭力推荐他。

一次，武则天单独召见娄师德，和他谈论政事。谈话中，武则天问娄师德有没有可以担任辅政大政的人才。娄师德听后，未多考虑，极力推荐了狄仁杰。事后，武则天果然采纳了娄师德的意见，将狄仁杰从外地召回京城和娄师德一起同任宰相。

狄仁杰任宰相后并不知道是娄师德举荐的。相反，他认为娄师德不过是个普通武将。时间长了，引起了武则天的注意。

一天，武则天在便殿和狄仁杰闲谈。闲谈中，武则天有意问狄仁杰："娄师德的品德好不好？"

狄仁杰说："他带兵守边时，有过战功，至于他的品德好是不好，我不太清楚。"

武则天接着又问："他能发现和举荐出色的人才吗？"

狄仁杰说："这方面的事情，我还不曾听说过。"

听到这，武则天哈哈大笑，对狄仁杰说："你还不知吧？你能当上宰相，正是由于他的举荐呀！"接着又说，"依我看，没有比娄师德做得更好的了。"随即令侍从取来文件箱，拿出 10 多篇娄师德的奏折给狄仁杰看。

狄仁杰一看惊惧得汗透衣衫，连忙向武则天认错。原来这些奏折都是娄师德力荐朝廷重用狄仁杰的。每折都有语皆真，无情不切。

狄仁杰感到十分惭愧，感叹地说："娄公的德行真是像高山一样盛大啊！我没想到竟一直被娄大人默默容忍而不自知，反而一直自以为是。娄公却从来没有半点骄矜的表现，我比娄公差远了！"

狄仁杰和武则天闲谈后，回到家里，立即换成轻衣小帽，径直来到娄府，见到娄师德，一躬到地，当面向他赔礼道歉。

娄师德说："我认为你刚直不阿，所言不偏，能为国安民，因此我推荐你，必能匡复唐室，当时我没有考虑到自己。"

狄仁杰说："如果不是太后所言，我哪里知道这些啊！"

娄师德也很高兴，吩咐人备酒，款待狄仁杰。

狄仁杰经此一事，对娄师德的胸怀和德品佩服得五体投地。自此之后，狄仁杰主动接近娄师德，很快两人的关系密切起来，共同辅佐武则天管理国务。

不久，北方的契丹国出兵犯境，攻陷了一些州郡。这时狄仁杰和娄师德一同率兵出征，抵御敌兵。他俩互相配合，分路出击，杀退了敌军，收复了失去的州郡，使边境居民重新过上了安居乐业的生活。

娄师德为人严于律己、宽以待人，为官胸怀广阔、以德治世。其厚德载物，海纳百川的胸襟和气度，表明他具有高尚的品德修养，充分彰显了人格的可贵。

求仁而得仁

刚直清廉的海瑞

海瑞在 4 岁的时候父亲不幸病逝，他和母亲相依为命，生活异常清苦。母亲很刚强，勤俭持家，教子有方，在她的亲自督导下，海瑞自幼即诵读儒学经典，加上母亲为他所请的良师指点及严格要求，海瑞得到了良好的家教与文化教育，这使海瑞很早就有了报国爱民的思想。

海瑞 20 多岁考上举人后，先是到南平担任教谕。过了几年，海瑞因为考核成绩优秀，被授予浙江严州府淳安县知县。淳安县经济比较落后，又位于南北交通要道，接待应酬，多如牛毛，百姓不堪其扰。

海瑞上任后，严格按标准接待，对吃拿卡要的官员毫不客气。

在做知县期间，海瑞把淳安县管理得井井有条，他审判的案子也从来没有出过错，一件件都水落石出。从此，"海青天"的称号就在淳安县传开了。

一天上午，海瑞正在县衙里阅批公文，有一篇公文上说总督胡宗宪的公子不日即来淳安。海瑞刚刚看完公文，就有衙役匆匆忙忙地跑进来说："大人，胡总督公子带一大批随从已到淳安县。"

"将他们安置在官驿，按普通客人招待。"海瑞头也没抬吩咐道。对于胡公子的到来，海瑞不惊不乱。

要是换了另外一个县令，恐怕早就集合全体差役热烈欢迎了。过了一会儿，那个差役又来报信："大人，大事不好，胡公子在官驿大发脾气，并把驿吏绑起来毒打。"

海瑞听了非常生气，决定要教训这位胡公子，他想出一个绝妙的主意。

海瑞带着差役把胡公子和他的随从抓回县衙，然后立刻升堂。海瑞端坐在堂上一拍惊堂木，大问："你是何人竟敢假冒胡总督的公子，速速从实招来。"

胡公子被森严的公堂吓得脸色苍白，连话都讲不出来了，原来的骄横劲再也不见了。海瑞又命人从胡公子的行装里搜出了几千两银子，便更加理直气壮，不仅没收银子充公，而且还将胡公子等人立刻赶出淳安县。

百姓无不拍手称快，夸赞海瑞真不愧是个好清官。

与此同时，海瑞所书写的报告已送到了胡宗宪总督衙门，报告称"有一群歹人竟冒充胡公子名号行骗，幸好被抓获，银子没收，并赶出淳安"。

胡宗宪见到哭哭啼啼的儿子回来，知道吃了哑巴亏，也没有办法，他只得告诫儿子以后不要去淳安县惹海瑞。不久，有个叫鄢懋卿的刺史要到浙江巡查，这个刺史是严嵩的干儿子，是个大坏蛋。浙江各郡县忙碌起来，准备金银进献，唯独淳安县没有动静。

其实海瑞早就知道这个消息，但他十分痛恨靠压榨百姓奉承上级的行为，他告诉差役不要准备，他自有对策。

海瑞很快写了一封信给鄢懋卿，信里说：

我知道大人您是个节俭的人，常说不要铺张浪费。但这次您所到之处都是大鱼大肉盛情款待您，这使卑职我非常为难。不热情款待怕怠慢了您，热情款待又怕违反您命令，我真不知道该怎么办才好。

海瑞的信给鄢懋卿出了个大难题，他心里想：海瑞可真难对付！他发作不是，不发作也不是。再加上近来海瑞由于胡公子的事声名很盛，最后他决定还是不要去淳安县碰这块硬骨头的好。于是，他只好绕开淳安县去巡视其他各县了。

通过这件事，海瑞又一次打击了严嵩同党的气焰，在老百姓心中的威望更高了。

后来海瑞做了京官，升为户部主事。但他刚直不阿的性格一点儿也没有改变，更难能可贵的是他那一颗赤诚的忧国忧民之心时刻在跳动着。当他看到皇帝对国家大事置之不闻，深居内宫，迷信道士，荒废国事时，又痛心又气愤。

于是，他在1566年2月上书给嘉靖皇帝，将他所犯的错误全部数了出来。在此之前，海瑞在棺材铺里买好了棺材，并且将自己的家人托付给了一个朋友。可见他根本就没自己留什么后路。

嘉靖皇帝读了海瑞奏书十分愤怒，把奏书扔在地上，对左右人说："快把他逮起来，不要让他跑掉。"

宦官黄锦在旁边说："这个人向来有傻名。听说他上书时，自己知道冒犯该死，买了一个棺材，和妻子诀别，在朝廷听候治罪，奴仆们也四处奔散没有留下来的，是不会逃跑的。"

嘉靖皇帝听了默默无言。过了一会又读海瑞奏书，一天里反复读了多次，总觉得很难容忍海瑞的责备，于是将海瑞逮捕，关进监狱。

两个月后，嘉靖皇帝去世，明穆宗继位，海瑞被释放出狱，官复原职。不久改任兵部，提拔为尚宝丞，调任大理寺。

明穆宗向来器重海瑞名，屡次要召用海瑞。这时的海瑞已到古稀之年，他给明穆宗上书说："现在对贪官污吏刑罚太轻，应当用严厉的方法惩治贪污。"

明穆宗想重用海瑞，却被大学士入阁主持国事的官员暗中阻止，于是任命海瑞为南京右都御史。

海瑞到任时，发现诸司向来苟且怠慢，他就身体力行矫正弊端。有的御史偶尔陈列戏乐，海瑞要按明太祖法规给予杖刑。百官恐惧不安，都怕受其苦。提学御史房寰恐怕被举发就先告状，给事中钟宇淳又从中怂恿，房寰再次上书诽谤诬蔑海瑞。海瑞也多次上书请求退休，皇帝下诏安抚挽留。

1587 年，海瑞去世于任上。去世时，南京都察院佥都御史王用汲去照顾海瑞，只见用布制成的帷帐和破烂的竹器，有些是贫寒的文人也不愿使用的，因而禁不住哭起来，凑钱为海瑞办理丧事。海瑞的死讯传出，南京的百姓因此罢市。海瑞的灵柩用船运回家乡时，穿着孝服的人站满了两岸，祭奠哭拜的人百里不绝。

乐在其中

子曰："饭疏食①饮水，曲肱②而枕之，乐亦在其中矣。不义而富且贵，于我如浮云。"

子曰："加我数年，五十以学《易》，可以无大过矣。"

叶公③问孔子于子路，子路不对。

子曰："女奚不曰，其④为人也，发愤忘食，乐以忘忧，不知老之将至。云尔！"

【注释】

①饭疏食：饭，这里是吃的意思，疏食即粗粮。

②曲肱：肱，胳膊。曲肱，即弯着胳膊。

③叶公：姓沈，名诸梁，楚国的贤大夫。

④其：他，孔子自指。

【解释】

孔子说："吃粗粮，喝冷水，弯着胳膊当枕头睡觉，其中也自有它的乐趣。干不正当的事而得到的财富与权贵，在我看来就如同浮云。"

孔子说："再给我几年时间，到五十岁学习《易》，我便可以没有大的过错了。"

叶公向子路询问孔子的为人怎么样，子路不回答。

孔子对子路说："你为什么不这样说：他的为人啊，用功就会忘了吃饭，快乐就会忘了忧愁，连自己快要老了都不知道，如此而已。"

【故事】

孔子的信行与报恩

孔子不仅是诚信的倡导者，也是诚信美德的积极实践者，更是一个胸怀仁爱，而且懂得报恩的大贤。

一天，子路向老师孔子汇报工作，谈到这样一件事：有一位老农，年逾古稀，一生以务农为本，勤劳俭朴，遵纪守法，在乡里享有名望。可是他有一个儿子对他不孝顺，每天不让他吃饱饭，而且吃的都是粗粮。

老农听到中都有了父母官，就想打官司告儿子虐待他，但一生忠厚的老农不敢面见官府。正当这时，子路来到了这个村子，在乡邻们引领下，老农找到了子路，诉说了儿子不孝的情形。

子路听了十分生气，就把他儿子找来，教育他要孝顺父母，并限他立即改正，儿子当面答应了子路所提出的要求。但是，事情过后，这个不孝子不但不改正错误，反而变本加厉地虐待父亲，经常不给他饭吃。

老人这次在乡邻的指引下，来到中都向子路投诉。子路答应在3天内一定把这件事办好，并嘱托同来的乡邻照顾好老者。也许是事情太多，子路就把这件事情给忘记了。10多天后，老农来到衙门告状。当时孔子担任中都宰，掌管民事刑事案件。

孔子问道："老人家，你来有什么事？"

老者把几次见子路的经过和子路的答复一一告知了孔子。孔子对子路处理问题的拖沓作风十分不快。他先亲自扶着老人进入内间，交代用餐事宜，然后，立即叫人传来了子路。

孔子表情庄重，严肃地对子路说："一个人没有信用，就难以立足。你答应了老农的事又拖着不办，失信于百姓，这怎么行呢？"

子路知道错了，也没有辩护，只诚恳地说："我对这老者是十分同情的！"

孔子说："同情而不解决问题，同情就只能是一句空话。一个有道德的人在处理问题上应该忠诚信实，答应的事情就应该去做完，做好。你叫人去把这个不孝之子给我带来，我亲自来处理。"

子路遵照老师的指示，立即将这个不孝儿子带来了。子路发现，老师看到这个人后，肃穆庄严的面容中，还带有几分怜悯痛惜的神情。子路又一次感受到了老师的仁慈之心。

孔子沉吟片刻，才开口问道："你有儿子吗？"

不孝儿子说："有。"

孔子问："儿子生下来时有多长呀？"

不孝儿子说："不过一尺。"

孔子问："那现在有多高了？"

不孝儿子说："6 尺有余。"

孔子问："是谁养他这么高的？"

不孝儿子说："是我和他的母亲。"

孔子问："那你是谁养大的呢？"

不孝儿子说："是我的父母。"

孔子问："你知道是你父母将你养大的，这就好了。"孔子又问，"你现在多大？"

不孝儿子说："32 岁。"

孔子说："再过 20 年，你的年纪将是你父亲今年的年龄。那时你也不能种庄稼了，谁来养活你呀？"

不孝儿子说："靠儿子来养活。"

孔子说："你今天不愿赡养你的父亲，到时，你的儿子也向你学习，以你今天对你父亲的态度来对待你，你有什么办法？"

不孝儿子无言以对。

孔子说："生你养你的父母你不赡养，应由哪个来养？"

不孝儿子哑口无言。

孔子说："父母养育之恩，应该尽心尽力报答。羊尚有跪乳之恩，乌鸦有反哺之义，你这不孝之子，连禽兽都不如，何谈有半点人性，你可知罪？"

这时，不孝儿子说："小人一时糊涂，小人知罪！"

孔子说："知罪就好。今后你应该如何对待你的父亲？"

不孝儿子说："我一定赡养他，让他有饭吃。"

孔子又说："你的所谓孝，只要有饭给他吃，养活他就行了吗？如果不真心孝敬你的父母，这和你饲养的狗、马又有什么区别呢！"

不孝儿子连忙说："大人饶恕，小人今后一定恭敬诚心地赡养他老人家。"

孔子说："那就好了。你今天既是父亲又是儿子，做父亲就应该像个做父亲的样子，做儿子就要像个做儿子的样子，这才是美德。今天你有悔改，我就不再追究你的罪过了，快快将你父亲接回去吧！"

不孝儿子说："大人的教诲，小人终生难忘！"

孔子要子路将老者扶起来，儿子对父亲痛哭流涕，悔愧不已。孔子又将老者送出门外。

孔子处理的这件事，给子路树立了表率，使子路很受教育，知道了诚信的重要，从此以后，实实在在地履行诚信，做到了"无宿诺"，即当天答应的事情不放到第二天就完成。同时，这件事也教育了中都的百姓，人们知道了后，就很少有不孝的事情发生了。

孔子不仅凡事讲诚信，还宽心仁厚，以仁为本去看待事情，并且注重报恩。下面这个典型事件，集中反映了孔子这方面的思想。

公元前492年，孔子带领弟子子路、司马牛等人进入宋国边界，见一群军校手持鞭子正在驱赶上百民工搬运石头，为只有38岁的宋国大司马修造坟墓。有一位年近70岁的老者，因精疲力竭昏厥倒地，军校见了走过去，皮鞭雨点似地落在他身上。

孔子目不忍睹，叫子路前去劝阻。军校举鞭向子路抽来，子路拔剑将他手中的鞭子削成两截。

孔子上前对军校说："老人家已被折磨成这样了，你们就放过他吧！"接着拿出钱打发军校，又令弟子将尚存一息的老者扶上车送去调治。

为了方便拜见国君宋景公，孔子师徒选择了商丘一家较宽敞的石记客店住下来，店主名叫石头。

军校回去把发生的事情报告了大司马。大司马恨得咬牙切齿："务必将那伙人斩尽杀绝！"军校得令，便装寻访，很快在石记客店找到了孔子一行。

军校叮嘱石头："严密监视这伙人，今晚大司马将派兵杀他们！不要走漏风声，否则，灭你九族！"

石头唯唯诺诺等军校一走，立即将消息报告了孔子。孔子大惊，带领弟子就要出逃。石头说："这样易暴露目标，需改扮成商人！"说完，他找来商人服饰叫他们穿上，并做向导带他们出城直至国境。

孔子问石头："你我素昧平生，为何舍命相救？"

石头说："先生在墓场救下的老者，正是我的父亲啊！大恩大德，岂能不报？"

孔子感激万分，怕石头回去惨遭大司马毒手，亲自修书一封，介绍石头到卫国去找朋友蘧伯玉，求他为救命恩人谋个职业。

数年后，孔子又到了卫国。一天，他正给弟子们讲学，弟子司马牛哭着跑来告诉他："那个石头病故了！"

孔子闻言，立即带领弟子前去奔丧。在破旧狭小的茅屋里，孔子见石头衣衫褴褛赤脚躺在木板上，身上盖着一张破席，泣不成声："恩人啊，你为何落到如此地步？"

司马牛说："蘧伯玉在世时，石头生活得很好。伯玉去世后，他连糊口的差事也没有了。"

孔子虔诚跪下："恩人在上，请受孔丘一拜！"孔子行完大礼，马上对颜回说："快将我的马卖掉，我要厚葬恩人！"

颜回为难地说："请老师三思，依礼，大夫不可无车。再者，吾辈将不知奔波何方，路途遥远，您……"

孔子果断摆摆手说："无须多言，如果没有恩人当年冒死相救，我等早成大司马刀下之鬼了，岂能苟活今日？快去！"

孔子卖了坐骑，为救命恩人石头举行了隆重的葬礼。

孔子卖马报恩，给世人做出了表率，被人尊敬。孔子践行的"知恩图报"，也成了中华民族的传统美德。

孟子提倡的诚信思想

自先秦社会以来，诚信就一直备受人们的关注并为人们所大力提倡。继孔子之后，又出现了一位大力提倡诚信的一代思想家孟子。

孟子的母亲仉氏，历来被人们称为"启蒙教育的楷模"。孟母也确实是一位教子有方的贤母，她对孟子性格的培养和思想的形成产生了重要影响。2000多年来，在民间流传下来不少脍炙人口的孟母教子的故事。

孟子小时候，有一天，他的邻居家磨刀霍霍，正准备杀一头大肥猪。孟子当时正在外面玩耍，他见了非常好奇，就跑回家去问母亲："母亲，邻居磨刀干什么？"

孟母告诉他说："那是邻居家准备杀猪。"

孟子接着又问："他们杀猪干什么呀？"

孟母笑了笑随口说道："他们杀猪给你吃呀！"

孟子一听，十分高兴，就老老实实地待在家里等待着吃猪肉。

孟母说完这句话立刻就后悔了。心想：人家邻居本来并不是为了自己的孩子杀的猪，我为什么要欺骗孩子呢？我这样说不是在教他撒谎吗？

为了弥补自己的过失，更为了不失信于儿子，尽管家中十分困难，孟母还是拿钱到东边邻居家买了一块猪肉，"买东家豚肉以食之"，让儿子吃了个痛快。

诚实是培养健康人生的基础。大而言之，不诚实的品格会直接或间接地有害于国家民族；小而言之，说谎足以使孩子的人格败坏。孟母在孟子刚刚懂事时就不欺骗孩子，原因就是不让孩子学会说谎。

孟子吃完了猪肉，时间不长就知道了这件事，心里很受感动。他想，我一定要像母亲那样，做一个诚实守信的人。

孟子约 15 岁时，受业于孔子嫡孙子思门人，学习儒家经典，对儒家以

乐在其中

礼待人的思想有了自己的认识。他 20 岁时，有一天他的妻子独自一人在屋里，伸开两腿坐着。孟子进屋看见妻子这个样子，就向母亲说："这个妇人不讲礼仪，请准许我把她休了。"

孟母说："什么原因？"

孟子说："她伸开两腿坐着。"

孟母问："你怎么知道的？"

孟子说："我亲眼看见的。"

孟母说："这是你不讲礼仪，不是你媳妇不讲礼仪。《礼经》上不是说，将要进门的时候，必须先问屋中有谁在里面；将要进入厅堂的时候，必须先高声传扬，让里面的人知道；将进屋的时候，必须眼往下看。《礼经》这样讲，为的是不让人没准备，无所防备。现在你到妻子闲居休息的地方去，进屋没

有声响，人家不知道，因而让你看到了她两腿伸开坐着的样子。这是你不讲礼仪，而不是你妻子不讲礼仪。"

孟子听了母亲的教导后，诚实地认识到自己错了，再也不敢说休妻的事了。而通过这件事，孟子对儒家之"礼"也有了更深的认识。

孟子在子思门下学成以后，以士的身份游说诸侯，想要推行自己的政治主张，到过梁国、齐国、宋国、滕国和鲁国等。随着阅历的增加，孟子终于成为当时著名儒学大师。

孟子提倡诚信，认为"诚信"不仅是对人，也是对己。孟子把"有信"上升到"五伦"之一的高度。在"五伦"中，人与人之间的诚信首先必须在知无不言、言无不尽，要真心提出自己的看法。

孟子这样说，也是这样做的。孟子在出游齐国时，曾经在齐国的稷下学宫做客卿，并通过自己的影响力，为齐国提出了很多建议。

稷下学宫位于齐国都城临淄西门，也称"稷门"。据说从齐桓公田午时开始，齐国就在稷门外开设学馆，汇聚天下著名学者于此讲学，故名"稷下学宫"。住馆的学者被誉为稷下先生。孟子的客卿要比一般的稷下先生地位高。

孟子在稷下学宫做客卿时，齐宣王对讲学高度重视，各门派的游学者迅速增至数千人。儒、道、墨、法、阴阳、纵横等各家学派，群贤荟萃，往来稷下者络绎不绝。

由于稷下先生的学术水平、名望资历不尽相同，因此，朝廷将稷下先生分为若干等级，按照级别确定爵禄。譬如号称"稷下之冠"的淳于髡，便赐予上卿之位；孟子、荀子等人则列为客卿。

孟子做了齐宣王的客卿，众人都为他庆贺。孟子也跃跃欲试，想为齐国尽一把力。但他知道齐宣王对人对事有些时候缺少雅量，诚实度不够，就想找机会谏言。

这一天，孟子穿戴整齐，迈着儒雅的步子来见齐宣王。守卫的士兵看见孟子，就赶紧行礼相问，然后向里面通报，不一会就出来请孟子晋见。

齐宣王端坐在富丽堂皇的朝廷中央上方，慈眉善目但又不缺少威严。两边或坐着或站着许多文臣武将，好不神气。

孟子与齐宣王寒暄过后，孟子面带微笑地对齐宣王说："大王，假如您手底下有个人把自己的妻子、子女托付给他的朋友，而自己却到楚国去玩，回来后发现他的妻子、子女又饥饿又寒冷，对这样的朋友您会怎么样处理？"

齐宣王听了，不假思索地立马回答："这样的人，应该跟他绝交！"

孟子听后点点头，接着继续微笑地问："假如大王手底下有一个官员，不能管好他的下属，怎么办？"

齐宣王快速地回答："罢免他的官位，因为他实在是个无能之辈！"

孟子听了又频频点头。此刻，他眼光里露出一丝不可察觉的神秘微笑。他接着说："假如有个人不能治理好国家，那么怎么对待这个人呢？"

孟子的话刚一出口，齐宣王脸上瞬间显出尴尬。心想：原来这个书生今天是来指责我的，因为怕得罪我，才欲擒故纵。

齐宣王毕竟是个老练的聪明人，为了摆脱尴尬，他瞬间又装作没听见孟子的话的样子，转过头和边上的大臣说着话。

孟子见状，知道齐宣王缺少雅量，暂时听不进他的劝说，决定再找机会来说这事。

在孟子看来，人生下来就具有4种善的萌芽，他称之为"四端"，即"恻隐之心""羞恶之心""辞让之心""是非之心"。这是孟子"性善论"的依据，也是他的其他学说的基础所在。他将诚信扩展到政治领域，提出管理者只有取信于民，才能保民安民。因此，在孟子心里，他是相信齐宣王也有"是非之心"，总能明白刚才说的话意思的。

自古以来，大气的、能够正视自己的不足的君王少之又少；同样，能够像孟子那样坦诚地对君王直言进谏的书生也是少之又少。

这一天，孟子又来见齐宣王，想针对齐宣王轻信奸佞谗言，以及做事没有坚持性等不足，真诚地表达自己的看法。

孟子说："大王也太不明智了，天下虽有生命力很强的生物，可是你把它在阳光下晒了一天，再放在阴寒的地方冻了它十天，它哪里还活得成呢！我跟您在一起的时间是很短的，您即使有了一点从善的决心，可是我一离开您，那些奸臣又来哄骗您，您又会听信他们的话，叫我怎么办呢？"

齐宣王这次没有马上提出反对意见，只是静静地听着。

接着，孟子又打了一个生动的比喻："下棋看起来是件小事，但假使您不专心致志，也同样学不好，下不赢。弈秋是全国最善下棋的能手，他教了两个徒弟，其中一个专心致志，处处听弈秋的指导；另一个却老是想着有大天鹅飞来，准备用箭射下来。两个徒弟是一个师父教的，一起学的，然而后者的成绩却差得很远。这不是他们的智力有什么区别，而是专心的程度不一样啊！"

齐宣王听了孟子的话，低头不语，他心里很清楚自己在这些方面的不足。从此以后，齐宣王变得不再像以前那样了。

孟子将诚信扩展到政治领域，强调执政者要有同情心。他说："同情心就是施行仁的开始；羞耻心就是施行义的开始；辞让心就是施行礼的开始；是非心就是智的开始。仁、义、礼、智是初始，人有这四种开端，就像人有四肢一样。"可见，仁、义、礼、智是人本性所固有的善性。

孟子生活在战火纷飞的战国中期，战争使人们丧失理性，变得野蛮，"大道废弛"，失掉了上古时期人际交往的单纯与质朴。孟子针对当时社会诚信缺失的状况，不仅大力呼吁人们讲诚信，而且对诚信思想提出了独到的见解，丰富了我国古代传统诚信道德的内容。他的诚信思想对后世直至当代社会都产生了深刻的影响。

荀子践行诚信思想

荀子生活在战国后期的赵国，他从小就非常聪明，10 岁已有神童美誉，学问很好。长大后游学于齐国，因学问博大，"最为老师"，曾 3 次担任当时齐国稷下学宫的祭酒，可谓"学富五车，名满天下"。

约公元前 264 年，荀子应秦昭王之聘，西游入秦国。当时的秦国重在武力扩张，荀子批评秦国只注重耕战，没有大儒来宣讲诚信。秦昭王却不以为然，哈哈大笑。

公元前 255 年，领兵援救赵国的楚国令尹春申君黄歇，得胜之后专程请荀子去楚国。到了楚国，被春申君聘为兰陵令。不久，春申君因受自己的门客蛊惑，对荀子不够友好。于是，荀子就离开楚国回到了自己的国家。

赵孝成王听说大儒荀子回来了，亲自用自己豪华的御车去旅店接荀子。荀子觉得这有些不恭，连连摆手。

赵孝成王真诚地说："寡人仅是一国之君，你乃列国儒学之尊，理当如此，请上车吧！"

赵孝成王将荀子接入王宫，两人并坐于丹墀。大臣在下面陪坐。宫人献上茶果，赵孝成王恭敬地问过寒暖之后，说："荀老夫子，昔日，因寡人错听误国之言，用将不当，致赵军损失严重，元气大伤，国力一时难以恢复，寡人每日甚是忧虑。荀老夫子到来，乃是喜从天降。寡人欲求教荀老夫子用兵之道，请问老夫子，用兵之要术是什么呢？"

荀子一直把诚信当作"化万物""化万民"的"政事之本"。他认为，当政者带头讲诚信，既是实现社会诚信的关键和前提，也是称霸天下的重要条件，所谓"诚信生神""信立而霸"就是这个道理。

因此，荀子答道："用兵攻战之本，在于使人民诚心诚意，心意一致。如果弓与箭不协调，神射手后羿也难射中微小的目标。如果6匹马配合不好，就是再好的驭手也驾不好车。如果百姓与朝廷离心离德，再好的将军也一定不能打胜仗。所以，以诚信和仁义争取百姓者，才是善于用兵者。"

赵孝成王在座的大臣中，有个叫临武君带兵之人，他说："荀老夫子，此话讲得不当吧！兵家所重视的是形势和条件，所实行的是变化和诡诈，善用兵者，神出鬼没，无诚无信，莫知从何而出。孙武、吴起就以此无敌于天下。"

荀子说："不然。我所说的是诚信和仁义，是欲称王天下者的意志。你所重视的是权谋势利，欺诈诡变，这是诸侯国才使用的方法。诚信和仁义之兵不可以欺诈，能受欺诈者只是那些君臣上下离心离德之兵。诚信和仁义之兵上下一心，三军同力，臣民对待君主，下级对待上级，如同子女对待父亲，弟弟对待兄长一样真诚。"

赵孝成王与临武君对于荀子的论述甚为钦佩，两人同时合掌称好。赵孝成王说道："请问荀老夫子，诚信和仁义之兵该行何道呢？"

荀子说："一切在于大王，将帅次之。君王贤者其国治，君王不贤者其国乱；注重信义者其国治，轻贱信义者其国乱。请让我说一说王者和诸侯强弱存亡与安危的道理。"

接着，荀子从历史上寻找事实根据来论证"信"的作用。齐桓公、晋文公、楚庄公、吴王阖闾、越王勾践，都是地处偏僻的国家，威力却可以震动天下，强盛可以危及中原，这是什么原因呢？荀子明确回答道，这没有别的原因，就是能大体上讲信用。这就是所谓的诚信树立就能称霸天下。

荀子回头对赵孝成王说："信义，是治国的最高准则，强国之本，立威之道，建功立业之纲。在一个国家中，诚信是对一定的社会行为规范和法律规章制度的诚信遵守，既然定出了一定的社会行为规范和法律规章制度，以及盟约，就要遵守它，即使后来觉察到这些制度有不足之处，暂时也要遵守，而不能'朝令夕改'，以自己的意愿首先不遵守。否则，人人都以自己的意愿为标准而破坏这些制度，那么整个管理体系就会混乱，从而也会导致整个社会的混乱。"

接着，荀子又列举殷纣王失信于民，暴政治国，结果周军一到，令不能行下，民不听调遣。这不是殷纣王令不严，刑不繁，而是殷纣王没有遵行信义。

赵孝成王握住荀子的手："寡人久闻荀老夫子大名，今日聆听教诲，方知老夫子果是难得的治世贤才！"

就在荀子在赵国受到礼遇时，春申君觉得失去荀子这样的天下大贤是一种损失，于是派人到赵国请荀子，结果却请不动荀子。最后，春申君只好亲自驾着马车，悄悄来到赵国，请荀子到楚国去，继续做兰陵令。并信誓旦旦地说，再也不会发生以前那样的事情了。

荀子看到春申君和楚王有一统天下的态势，就随他而去。刚到兰陵，荀子就看到十字街头的人很多，预感到前面似乎发生了什么事。他让车马远远地停下来，自己向人群走过去。原来，县丞今日监斩3个囚犯，百姓们拥挤观看。

荀子从人群中向前挤。武士厉声喝道："滚开！再往前挤，用皮鞭打你！"

荀子的手下上前握住武士的手："你想干什么？他可是荀县令！"

武士惊呆了："什么？"

荀子被百姓和武士围在中间，一老妪哭叫着："荀老爷，你可回来了！冤枉啊，我儿子冤枉啊！"另一中年女子也喊叫着："荀老爷，你回来了，快救救我的丈夫吧！"

这时，县丞走过来，指着一个满脸横肉的中年汉子说："这第一个人，是个杀人凶犯，他为霸占朋友妻室，竟把朋友用毒药害死。"

荀子说："嗯，杀人者不惩，伤人者不刑，是谓惠暴而宽贼。当斩。"

县丞指着一个青年说："这第二个人是一农夫，他竟然抗税不交。"

荀子问："第三人呢？"

县丞说："第三人乃是一贩马的齐国人，他竟敢偷闯关卡。"

荀子走到青年农夫与中年商贩的面前，注目良久，开口问青年农夫："你为何抗税不交呢？"

青年农夫说："禀老爷，赋税太重，交了赋税，我一家人就没有吃的啦！"

荀况问商贩："你为何偷闯关卡？"

商贩说："老爷，我的马在关卡前已经被困了3个月，马饿瘦了，病死了不少，再也耽误不得了，马是我一家的性命啊！"

荀况稍一思索，对县丞说："把这两个人放掉。"

县丞说："什么？"

荀子又说道："把他们两人放掉！"

县丞说："大人，我是按照大王的旨意行事的。"

荀子说："在这里我是县令，放掉！"他的话不容置疑。

县丞无奈，只好挥手让武士将青年农夫与中年贩马人放掉。

老妇赶忙去搀自己的儿子，中年女子去扶自己的丈夫。他们一齐来到荀子面前双膝跪地叩头，连连谢恩。

荀子扶起他们，然后走向了栽有木桩的刑场，站在一个高处，向众人说：

"兰陵的百姓听着，我荀况又重归兰陵来了！愿意衣食富足，乃人之本性。缺吃少穿乃是一种祸患。作为一县之长，我愿兰陵百姓人人富足，家家平安。自今日起，兰陵之农夫开荒种田，仅收什一之税，多者不取。集市关卡，畅通有无，赋税一概免征。我一定说到做到，绝不食言！"众百姓闻声欢腾。

荀子接着说："我兰陵百姓，必须隆礼法贵信义，遵守法度。信义乃立国之本，法律为治国之端，法令行，则风俗美。"荀子指着杀人犯说："似这等抢夺杀人的奸人，必杀。"众人又是一阵欢腾。

荀子做兰陵令前后18年，他以信取民，隆法尊贤，励精图治，清正廉洁，为当时兰陵经济的发展和汉时的繁盛，打下了坚实的基础，自此以后，兰陵成为历代郡县治所、经济文化中心。

约公元前230年，荀子病逝后葬于兰陵。荀子墓位于现在的山东临沂苍山县兰陵镇东南处，墓前有清代立的石碑，上刻"楚兰陵令荀卿之墓"。

司马迁不负父命

司马迁还只有10岁的时候，就跟随父亲，从青山绿水的家乡走出，来到长安，向伏生、孔安国等大学者学习。他长大了，可以自己一个人外出了，他就选择走遍大江南北，追寻历史遗迹，凭吊古圣先贤。

后来，他父亲病了，临死前拉着他的手哭着说："你要记住，我一生最大的遗憾，就是没能写一部可靠的历史。"司马迁哭着回答："我一定会完成您的心愿！"

于是，他接替了父亲的职位，进入政府，担任"太史令"一职，他意气风发，梦想着完成父亲遗愿的那一天。

可是不久，一个叫李陵的将领，在和匈奴军队对阵时，突然投降了。皇帝要杀他全家，唯独司马迁反对，皇帝一怒将司马迁投入监狱并判处死刑。

这场自天而降的横祸使司马迁悲愤至极，他在牢中凝视着窗外的月光，回想着父亲的遗言："写一部可靠的历史。"他口中喃喃地说："父亲，我不会忘记您的遗训，我一定要活下来！"

按照汉代的法律，死刑犯有两个替代办法：一个是拿钱免死，但司马迁拿不出那么多钱。还有一个办法是接受宫刑，这是对人格的极大侮辱。为了继承父亲的大业，司马迁接受了宫刑。

被释放后，司马迁专心著述，每天写到深夜才停笔，最后司马迁终于完成了共130卷、53万字的不朽巨著《史记》。

三人行必有我师

子曰："我非生而知之者，好古，敏以求之者也。"

子不语怪、力、乱、神。

子曰："三人行，必有我师焉。择其善者而从之，其不善者而改之。"子曰："天生德于予，桓魋①其如予何？"

子曰："二三子②以我为隐乎？吾无隐乎尔！吾无行而不与二三子者，是丘也。"子以四教：文、行、忠、信③。

【注释】

①桓魋：魋，音 tuí，宋国司马向魋，宋桓公后代，故又称桓魋。

②二三子：这里指孔子的学生们。

③文、行、忠、信：文，文献、古籍等。行，指躬行，也指社会实践方面的内容。忠，忠诚，对人尽心竭力的意思。信，守信。诚实的意思。

【解释】

孔子说："我不是生来就有知识的人，而是爱好古代的东西，勤奋敏捷地去求得知识的人。"

孔子不谈论怪异、暴力、变乱、鬼神。

孔子说："几个人一起走路，其中必定有人可以做我的老师。我学习他好的品德，看到他不好的地方就作为借鉴，改掉自己的缺点。"

孔子说："上天把德赋予了我，桓魋能把我怎么样？"

孔子说："学生们，你们以为我对你们有什么隐瞒的吗？我是丝毫没有隐瞒的。我没有什么事不是和你们一起干的，这就是我孔丘的为人。"

孔子以文、行、忠、信四项内容教授给学生。

【故事】

徐光启诚恳拜师

通过宽厚的道德人格来打动别人，达到人我沟通的目的，一直是笃实宽厚美德的一个重要方面。明代末年的徐光启，以自己的人格魅力打动人心，终于让耶稣教会会长利玛窦深受感动。他们的合作，极大地推动了当时的西学东渐，也显示出儒家精神的救世力量。

徐光启，明代末期数学家、农学家、政治家和军事家。是中西文化交流的先驱之一，一生在学术上勤勤恳恳，孜孜以求，尤其在天文、数学和农学上，更是成果卓著。

1596 年夏天，徐光启任广西浔州知府赵凤宇的家庭教师，随赵家一起来到浔州。在那里，他结识了意大利神父郭静居，他第一次看到了一张《万国全图》。郭静居指着地图给他看中国在哪里，欧罗巴洲在哪里，意大利在哪里。

徐光启看后十分惊异，有生以来第一次知道，除了中国之外还有那么广阔的地域。这使他非常倾慕，当他知道这图是耶稣教会会长利玛窦所绘时，便暗暗下了决心，一定要找到利玛窦拜他为师，跟他学习。

在郭静居的指点下，徐光启几经周折，多次追踪，终于见到了利玛窦。徐光启和利玛窦一见如故，从天文、地理谈到数学，非常投机。利玛窦用欧几里得的《原本》举例，对比中西方教学特点的一番谈论，使徐光启一下子便迷上了《原本》。

徐光启恳请说："先生，可以把你的《原本》一书借给我看看吗？"

利玛窦笑了，他摊开两手说："可惜还没有翻译成中文，先生读不懂。"

一种对科学强烈追求的欲望，使徐光启下了一个更大的决心，一定将《原本》译成中文。徐光启为了学习西方科学，为拜利玛窦为师，1603年，他全家加入了天主教。第二年他又考中了进士。

在徐光启再三的请求下，利玛窦终于开始向他讲授《原本》和绘制地图的方法。

利玛窦规定每两天向徐光启讲授一次。无论是大雪纷飞，还是黄沙弥漫，徐光启总是按时到达，恭恭敬敬地听利玛窦的讲述。经过一段时间的学习，

徐光启终于弄通了欧几里得《原本》。他发现该书着重阐述数学的基础理论，有严密的逻辑推理，确实能弥补我国古代数学的不足。

徐光启建议利玛窦说："这段时间先生不辞辛苦，精心讲授，晚生已基本掌握了《原本》的要旨。请先生继续赐教，与晚生一起把该书译成中文，名字可否定为《几何原本》？"

在徐光启的精神的鼓舞下，利玛窦终于答应试一试。《几何原本》的翻译工作终于开始了。整个冬天他俩都是在灯烛下度过的。

徐光启白天要去办公，只有晚上才能与老师一起译书。一开始就遇到了很多困难，书中专用名词在汉语中没有，只能由两人琢磨决定，经过多次推敲，反复修改，才定下来。

他们常常为了一个名词，想几个晚上，改了10多次还不满意。有时一个章节译完了，但因文字艰涩难懂，就推翻了再译，直至文字准确，通俗易懂时为止。

时光荏苒，他们俩从大雪纷飞的季节译到了桃李花开时节，译完了前三卷。他们没有时间去游春赏花，继续奋战，终于在五月前译完了前六卷。

初稿译完后，徐光启又反复修订了两遍，最后终于定稿了。1607年，《几何原本》印出来了。《几何原本》的装帧十分精细，第一页上都工工整整地印着《几何原本》4个大字，还注明利玛窦口译，徐光启笔录。

徐光启和利玛窦看着他们共同心血的结晶，都流下了激动的泪水，表达了真诚的师生之情谊。

利玛窦神父去世后，他的墓地改建工程于1611年夏天竣工，是年冬举行葬礼，徐公光启先生率领北京的教友们参加，并主持仪式。

主持丧礼的徐光启，更是悲痛万分。他没有顾及自己高官显宦的地位和尊容，任凭悲伤的泪水扑簌簌地落下。对利玛窦离世的忧戚和不舍，使他禁不住伸出双手，和落棺的随从们一起拿起绳索，帮助他恩师兼益友利公的棺椁葬入地下，让他安静地长眠于此。又亲自拿起土铲，为利公覆上黄土。

徐光启亲手埋葬了恩师利玛窦之后，并未按惯例把下棺的绳索一起掩埋掉，而是保留下来收藏，作为对恩师益友利公玛窦神父的敬意和纪念。

唐寅求教绘丹青

谦虚谨慎，礼求教诲的精神，也是笃实宽厚美德的重要内涵。明代文人唐寅是这方面的一个典型。

唐寅，明代著名画家、文学家。自幼喜欢画画，父亲在他 13 岁时，就让他在店中帮忙干活，不再上学，画出得意的画就贴在店墙上。

据说唐寅绘画的启蒙老师是才子祝允明给介绍的。有一次，才子祝枝山来到酒店喝酒，很喜欢墙上的画。就问老板画是由谁画的。唐寅的父亲回答说是儿子画的。祝枝山很惊讶地要求见见孩子。

祝枝山在得知了唐寅的家境贫寒之后，决定帮助他找一位丹青妙手来教他画画。不久，祝枝山带着画师沈石田来到了酒店。沈石田也很欣赏唐寅的画，但想考考他才气如何，就为他出了一个字谜："去掉左边是树，去掉右边是树，去掉中间是树，去掉两边是树，这是什么字？"

唐寅略一思考就说出了谜底是个"彬"字。沈石田很高兴，就收下了唐寅。

唐寅聪明伶俐，很快掌握了一定的绘画技巧。这个时候，沈石田已经倾囊相授，觉得再教下去，可能会误人子弟，于是就离开了唐家。

唐寅的画画得不错，富豪人家常请他作画，唐寅也渐渐地滋生了自满情绪。有时端详着自己的画，心里说："蛮不错嘛，差不多了。"

唐寅的妈妈看出了他的想法，问他说："你怎么不画了？"

唐寅说："我已经画得挺好了。"

妈妈又问："你看咱们这儿哪座山最高？"

唐寅不假思索地说："南山最高！"

妈妈说:"你登上南山去向远望望,比它高的山还很多呢!"

唐寅听了妈妈的话,明白了她的用意,便带上行李和画笔,到外村拜师去了。

唐寅拜周臣为师。周臣在当时极有名望,是书画界的高手,能画山水画,也是花鸟画的丹青妙手。唐寅到了周先生门下,看了他的画真是耳目一新,长了不少的见识。唐寅想,我原以为是绘画第一了,却不过是井底之蛙,以为天空就是那么一小块。

周臣很喜欢唐寅,认认真真地传授技艺,哪里要浓墨重彩,哪里要轻描淡写他都——指教。时间过得真快,一晃一年过去了。

有一天,唐寅偷偷地把自己的画和先生的画比较一番,觉得自己和先生差不多了。再说,自己离家一年多了,很想回去看看妈妈。

唐寅的一举一动,先生看在眼里,记在心上,他和妻子研究一番,决定在后花园的一个小屋里为唐寅饯行,这间小屋平时总锁着,唐寅从未进去过。

唐寅被先生请进来,一边吃着饭菜,一边细细打量着室内陈设。他突然发现,这屋子好奇怪,四面墙上都有门,但没有窗子。顺着门往外望去,只见后花园里好一派春景,处处可见柳绿花红,鸟巢蝶影,顽石跌宕,溪水穿行。看到如此美妙仙境,唐寅想，自己来了一年还没到此一游呢！

这时，先生说："唐寅，你想家了吧？"

唐寅点了点头，眼圈都红了。

先生又说："你的画本来画得不错，又在我这儿学了一年，可以出师回乡了。你看怎么样？"

唐寅已经喝得半醉了，说："谢谢先生一年来的教导，我不会忘了老师的。"

先生又指了指门外的景色，说："我这个园子，一向对外人保密的，今天对你可以破例。你到后花园去愉愉快快地玩吧！"

这时，唐寅已经喝得醉醺醺的，走过去就想一步跨出门槛，可是，不料竟被撞了回来，头上还鼓起了大包。这是怎么回事儿？这扇门明明开着，怎么会是死的？他再跨另一扇门，照例被撞回来。3个门都出不去，他的头上早肿起了大包。

先生和师娘笑得前仰后合。师娘说："唐寅，你喝多了！请仔细看看那是门吗？"

唐寅这才细看，原来，三面墙上的门和门口的景色都是老师画上去的。

唐寅头上碰了这三个大包，心里立时清醒，顿有所悟，明白了先生的用意，马上跪倒在地，连声说："弟子错了，弟子和老师相差甚远就骄傲起来，请先生原谅。我不回家了，请先生再赐教3年吧！"

师娘忙把他扶起来，说："知道自己错了就好，以后虚心学习就行了。你妈妈看你来了，正在前厅等候。"

打这儿以后，唐寅黎明即起，画到深夜，毕恭毕敬，勤勤恳恳地跟先生学习。

3年转眼过去了，冬日将尽。唐寅为感谢先生的教育，亲自动手烧菜，宴请师傅。当他把烧好的鱼端上桌时，一只大狸猫从门外呼呼地跑进来，跳上桌子就想吃。唐寅急了"啪"地就是一掌，那大狸猫"呼"的一声就往窗上跳。

结果，大狸猫跳了一个窗户又一个窗户，就是跳不出去，最后"呜呜"地叫着从门口逃出去了。原来，那窗户是唐寅画在墙上的。

先生见了这情景，哈哈大笑起来："唐寅呀，你已经4年没有见到你娘的面了，要过年了，快回去吧！"

由于唐寅虚心求教，终于成了一代大家。他才气横溢，与祝允明、文徵明、徐祯卿并称为"江南四大才子"，也称"吴门四才子"；画名更著，与沈周、文徵明、仇英并称"吴门四家"，又称为"明四家"。

唐寅的一生中为后世人贡献了巨大文化财富，他的画作题材广泛，挥笔自然，风格别具，雅俗共赏，深受各个阶层志士仁人乃至庶民百姓的赏析与青睐。

张曜虚心拜妻为师

清代咸丰年间有个武官叫张曜，因征战有功，被提拔为河南布政使。他自幼失学，没有文化，常受朝臣歧视，御史刘毓楠说他"目不识丁"，因此皇上改任他为总兵。

张曜从此立志要好好读书。张曜想到自己的妻子很有文化，回到家要求妻子教他念书。

妻子说："要教是可以的，不过我要有一个条件，那就是要行拜师之礼，恭恭敬敬地学。"张曜满口应承，马上穿起朝服，让妻子坐在孔子牌位前，对她行三拜九叩之礼。

从此以后，凡公余时间，都由妻子教他读经史。每当妻子一摆老师的架子，他就躬身肃立听训，不敢稍有不敬。与此同时，他还请人刻了一方"目不识丁"的印章，经常佩在身上自警。

几年之后，张曜终于成为一个很有学问的人。后来，他在山东做巡抚时，又有人参他"目不识丁"。他就上书请皇上面试，面试成绩使皇上和许多大臣都大为惊奇。

张曜在山东任上时，筑河堤，修道路，开厂局，做了不少利国利民的好事。因为他勤奋好学，死后皇帝谥他为"勤果"。

杰出谋士范文程

范文程出身名门，自小喜欢读书，才思敏捷，擅长谋略。努尔哈赤，他自愿投效，但未受重用。皇太极继位后，发现他的才智并委以重任，使之成为其主要谋士之一。从此，范文程开始了他辅佐清朝四代皇帝的谋略生涯。

1629年冬，皇太极亲率大军，由龙井关、洪山口越过长城，直通北京，遭到明宁远巡抚袁崇焕、锦州总兵祖大寿的坚决抵抗，双方激战至北京城郊，相持不下。清军久攻不下，伤亡越来越多，粮秣补给日益困难，一筹莫展。

此刻，范文程向皇太极献反间计。当时后金军俘获两个明朝太监，皇太极先密令部将故意议论与袁崇焕有密约，使被关押的太监得以偷听；然后又令后金军放走一个太监，使其返回明廷报告崇祯皇帝。

一向猜忌而多疑的崇祯帝果真误信了袁崇焕与清军有密约，随将袁崇焕从前方召回并将他逮捕下狱，不久即处死。

祖大寿闻之大为惊骇，顾不上当面清军，慌忙带自己手下兵将逃归锦州。

就这样，范文程的一条反间计，不仅为皇太极除掉了一个战场不能战胜的宿敌，反而使明军自己让开了一条通道，使清军得以从容退出关外。由此，明清的军事对抗，骤间产生了不利于明朝的转化。

1632年，皇太极率满洲八旗和蒙古各部兵马穿越兴安岭，远征察哈尔。不料，林丹汗得知情报后，采取坚壁清野，驱富民及牲畜，渡过黄河，丢下一座空城。

待皇太极率数万大军疲惫不堪赶到归化，即今内蒙古呼和浩特时，已是人走城空，无吃无喝，一片狼烟。早已人疲马困、粮秣告罄的清军每日都有士卒饥渴而死。数万人马只得靠猎取黄羊为食。

在这种情况下，清军若从原路返回，因沿途地薄民穷，将士无所得，部队无所食，千里兴师，徒劳而返，必将名利俱失。但是，若兵马深入明境，抢劫一番，却又苦于师出无名，不敢贸然行事，真是计无所出。

于是皇太极让范文程等献计。

范文程认为，唯有深入，方为上策，但必须以"议和"来当幌子。他进而解释道："可先写信与明朝近边地方官员，要求议和，并限住日期，立候结局，谅南朝皇帝，人多嘴多，近边官员也不敢担当，届时便可借为口实，为所欲为。"

皇太极如茅塞顿

开，立即采纳了他的计谋。一方面致书明大同、阳和、宣府等地官员，要求议和，并以 10 日为限；另一方面挥师直奔宣府、张家口，沿路纵兵掠民，满载而返。

结果，正如范文程所预料的那样，直至清军劫掠而去，"议和"的协定尚未及回复上报。

1642 年，明朝大将洪承畴在松山战败被俘。皇太极爱才，欲招降为其效力。派诸多人前去劝降，但洪承畴誓死不降，骂不绝口，令众人无可奈何。

于是，皇太极又派范文程前去试试。

范文程见到洪承畴，一句不提投降之事，只与洪承畴天南海北、谈古道今地闲聊。其间，房梁上有积尘溅落在洪承畴的衣襟上，洪承畴好几次用手轻轻弹掉。

这个下意识的小动作，一般人谁也不会留意的，但范文程敏锐地观察到后，露出了宽慰的自信。他向皇太极献计："洪承畴根本不想死，他对身上穿的破衣服都能爱惜，何况自己的身家性命！"他鼓励皇太极不要灰心，只要耐心地等待和劝说，洪承畴定会被说降的。

果不其然，经过范文程等人耐心而巧妙的游说，一向信誓旦旦，要以死报国的洪承畴终于投降了。

1644 年，清王朝拟再度伐明，但对这次出征要达到什么战略目标并不明确，对是否入关也犹豫不决。

正在举棋不定时，范文程提出："明朝覆亡，已是无可挽回的趋势，与秦朝的灭亡一样。现在机会难得，稍纵即逝，要当机立断，果敢地挥军入关，挺进中原抢夺明朝天下。"

以往清军也曾数度入关，但主要是为了掠夺。上至将帅，下至兵卒，烧杀掳掠，无所不为。但对此次入关，范文程特别强调，要一改昔日掳杀传统，必须申严纪律、秋毫勿犯，以使中原地区百姓，向风归顺。

同年，清军进军北京。当得知崇祯皇帝已自缢的消息后，为了迅速稳定政局，安抚民心，范文程建议采取以下政举和措施：

宣布为崇祯帝发丧 3 日；起草檄文，自称为"义师"，打出为大明臣民"复君父仇"的旗号，把矛头转向李自成等农民军，这不仅为清军入京找到了堂皇的借口，又最大限度地减少大明军民的抵抗；各衙门官员俱照录用，在京内阁、六部、都察院等官员同满官一体办事等。

由于范文程采取了恰当的对策，为清政权在北京的建立奠定了基础。同时，也越发显出范文程在政治上和军事上超乎群雄的显赫地位和作用。

俗话说"树大招风"。随着范文程地位的上升，声望过隆，引起了清统治集团内部一些贵族官员的忌妒和不满。一向好独秉大权的多尔衮也在许多政策及用人等问题上与范文程发生分歧。

1645 年，多尔衮以国家事务各有专属，范文程素有疾病，不宜过劳等借口，开始限制和削弱他的权力。随后，又因甘肃巡抚黄图安呈请终养问题，范文程被多尔衮以擅自辅政为由，下法司勘问。

虽然这次没有罢他的官，但范文程已深知自己的处境和今后该怎样处理与多尔衮的微妙关系了。他处处小心从事，既不使自己冒尖，更不干出风头、授人以柄之事，免遭不测。

1648 年，独断专行的多尔衮由于贵族内部权力争斗的需要，清除了肃亲王豪格。

在此前后，多尔衮曾多次命其亲信大学士刚林、祁充格同范文程一起删改太祖实录。范文程深知此事关系重大，处理不好将殃及安危，但他又不能违命不从。于是便托词养病，闭门不出，采取软拖的办法，以免遗患未来。

1650 年，多尔衮病死。翌年初，多尔衮被指控生前有谋逆行为，依附多尔衮的刚林、祁充格等人，被控犯有"妄改太祖实录"之罪而被杀。范文程虽也参与此事，但因既非多尔衮一党，又未留下把柄，仅被处以革职留任，不久又官复原职。

就这样，范文程不仅机智地避开了一场政治争斗，而且又很快地得到新主福临帝的信任和重用。至 1652 年，范文程官升至议政大臣，这是此前所有汉人从未得到过的宠遇。

1653 年，福临为治理好国家，整顿朝纲，特请范文程研究治国安邦之道。范文程坦诚地说："大凡行善合天者，必君明臣良，交相释回，始克荷天麻而济国事。若人主愎谏自用，谁复进言？"

范文程的这番话，实际上是要福临以过去多尔衮独专朝政而引发内部派斗为教训，要善纳群言，能听进不同意见，才能使君主的决策能顺乎民心民意，合乎潮流。

在此之后，范文程又提出了兴屯田，招抚流民；举人才，不论满汉新旧，不拘资格大小，不避亲疏恩怨等重要建议，多被采纳并实行。不仅如此，他还对朝中那些敢于直言不苟、秉公不阿的臣僚给以爱护。

1654 年，范文程进升少保兼太子太保。但他此时已年老体衰，力不从心，多次上书请求修养。福临不愿失去这样一位杰出谋士和得力助手，命他暂不到任，待病稍愈，立即前来就职。此外，福临还特别加封范文程太傅兼太子太师。

然而，明智而又深谋远虑的范文程，就此谢政隐退，安度晚年。1657 年，福临又给范文程加官一级，并将他的画像收藏在皇宫之内。

1666 年，范文程去世。后来，康熙帝玄烨亲笔书写的祠堂匾额说他有"元辅高风"。

近代第一人臣林则徐

林则徐自幼勤奋好学。他 14 岁中秀才，19 岁中举人，21 岁被聘到厦门任海防同知书记，22 岁被聘为福建巡抚张师诚的幕僚。林则徐在 27 时岁考中进士后，从此步入仕途。

林则徐的仕途很顺畅，在鸦片战争之前，先是任翰林院编修，利用这里藏书丰富，人才荟萃的有利条件，刻苦学习，进一步充实自己。后历任两浙盐运使、江苏巡抚、湖广总督等职。在职内，他一心为民，在兴办河工、治理漕运、兴屯垦田等方面都做了大量工作，很受当地人民群众爱戴。

在 1837 年至 1838 年间，鸦片就像洪水一样涌进我国。鸦片是一种有强烈麻醉性的毒品，被当时的英国商人输入我国后，既毒害了我国人，又给清朝的财政造成了很大损失。

林则徐深知鸦片的危害，他在任湖广总督期间，查获了近 5000 支烟枪，当众刀劈火烧，收缴了大量鸦片，仅阳县就缴获鸦片一两万千克。

为了帮助吸食者戒烟，林则徐提出了 6 条禁止鸦片的办法，如配制断瘾丸，强迫吸食者戒绝，大举搜查烟枪、土膏等，使许多吸毒者戒除了烟瘾。

为了禁烟，林则徐还上书道光皇帝主张禁烟。他在奏书中尖锐指出鸦片的危害，无情地揭露了鸦片受贿集团和吸食者的关系。

道光皇帝看了奏章后，他用笔在上面加了圈。他感到问题的严重：军队是坐天下的命根子，军饷是维持统治的基础。如果基础不牢靠，那是不堪设想的事。为了维持自己的统治，道光皇帝同意了林则徐禁烟的主张。

1838 年，道光皇帝下令召见林则徐进京商议禁烟对策。同年 11 月 15 日，道光皇帝任命林则徐为钦差大臣，节制广东水师，前往广东查禁鸦片。

林则徐深知这次去广州是冒着很大的风险的，但他向自己的师友表示，自己的"祸福死生，早已置之度外"，要尽一切努力，除掉鸦片这一毒患。

林则徐来到广州后，看到街头上，一些骨瘦如柴、脸色黑灰的"大烟鬼"，有气无力地缩身在墙角里，不住地打着哈欠，鼻涕眼泪一齐往外流。那些商贩守着店铺货摊，却无人来买。

身穿便服进行私访的林则徐看到这令人心酸的情形，心里非常激动。他觉得要想彻底禁烟，非得先从内部整顿不可，一定查出并严办那些走私鸦片的汉奸和贪官，让老百姓的精神振奋起来。

于是，林则徐用种种办法，终于查清了走私鸦片的情况，严惩了一些违法官兵和烟贩子。然后，他发出了通告。

其主要内容是：

一切外国商人必须在3天内缴出全部鸦片，并写出永远不再贩运鸦片的保证书。今后如再查出鸦片，按犯罪论处，货物没收，犯人处死。

林则徐宣布的3天期限已到，但目中无人的外国烟贩却拒绝交出鸦片。这时，林则徐下令传讯英国的大烟贩颠地，开始和外国侵略者展开了直接的斗争。

英驻华商务监督义律从澳门赶到广州，把颠地藏到商馆保护起来。林则徐闻讯后，立即命令中国军队包围了英国商馆，并下令暂停中英贸易，以示警告。

由于林则徐采取了坚决措施，200多名英国商人终于被迫交出了20283箱鸦片。当时，美国在广州的商人也被迫交出了1540箱鸦片烟。

面对这么多鸦片，林则徐决定在虎门海滩当众销毁。他叫士兵在海滩上挖了两个方形的大池子，都有15丈见方，叫销烟池。池的前边挖有涵洞，后边连水沟。销烟前，先把水从沟里引进池里，再制成卤水。

1839年6月3日，林则徐率领广东各级军政官员，来到虎门海滩边的高岗上，亲自指挥和监督销毁鸦片。这天，天气十分晴朗。成千上万的群众闻讯赶来，海滩周围人山人海。

销烟开始了。

一队队打着赤膊的工人和士兵们把鸦片箱子抬来，用斧头劈开，将鸦片切成碎块投入蓄有卤水的销烟池里。销烟池上搭着木板，站在木板上的工人和士兵，把早已准备好的石灰用铁锨撒入池内，还用力地搅拌着。

不一会儿，池里的卤水和鸦片翻滚起来，烟油上冒，烟渣下沉，一股浓烟冲天而起，直上云霄，霎时间弥漫了海滩的上空。

虎门海滩销烟连续进行了23天，到6月25日止，林则徐将收缴的230多万斤鸦片全部销毁。面对这一场面，海滩周围万众欢腾，无不称快。

虎门销烟是中国禁烟运动的一个伟大胜利，它打击了外国侵略者的气焰，鼓舞了中国人民的斗志，它向全世界表明了中国人民清除烟毒、反抗外国侵略和维护民族尊严的坚强决心。虎门销烟成为中国人民反帝斗争的伟大起点，林则徐受到中国人民的敬仰。

虎门销烟之后，林则徐估计到禁烟可能会引发英军侵略我国，便积极备战，筹备海防，准备迎敌。

他一面请求朝廷加强海防，各海口派精兵严守；一面亲自察看海口，修筑工事，添置武器，整顿水陆官兵。他倡导由民间自行团练，以保住村庄，又招募水勇，协助水师抗敌，号召民众参战。

与此同时，林则徐冷静分析了中英双方情况，提出了坚守炮台，以守为战；信任群众，利用民力的战术。在林则徐的鼓舞下，广东人民个个摩拳擦掌，随时准备战斗。

1840 年 6 月，英军果然开始发起进攻。当时的英国政府派出 48 艘军舰，由懿律和义律率领海陆军 4000 人到了广州的海面上，此时又增加到海陆军 1 万人。但是他们万万没有想到，还没登陆就遭到中国军民的痛击。

我国军队和渔民趁着潮退，乘着小船搜查到他们，用火箭、火罐和喷筒等武器主动进攻，烧毁了英军不少船只。

从此，英军不敢在海岸附近停留，成天在海面上游弋，得不到淡水，只能用布帆兜接雨水救急，后来连食物来源也发生了困难。

英军在广州附近站不住脚，便沿海岸往北进攻，想寻找一个突破口。

道光皇帝和清朝政府并没有做打仗的准备，当英军攻陷舟山群岛的定海，又北上到达天津的白河口的时候，他们就吓慌了。

本来就反对禁烟的那些大臣趁机向皇帝告林则徐的状，说是他禁烟失当，得罪了洋人，要让英军撤退，一定要惩办林则徐。

道光皇帝以"误国病民，办理不善"的罪名，于 1840 年 10 月将林则徐等人革职查办。

1841 年 3 月初，林则徐前往浙江镇海听候谕旨。广州各界人士怀着极其惋惜的心情，纷纷赶来为林则徐送行。林则徐无限伤感地离开了广州。不久，道光皇帝下旨将林则徐遣戍新疆伊犁。

1841 年 8 月，林则徐挥泪北上伊犁。

1842 年 12 月，林则徐到达伊犁。除夕之夜，人们都在辞旧迎新，而林则徐却心潮起伏，思绪万千，他非常担心祖国的前途。

林则徐在新疆，不忘边防。他行程 1.5 万多千米，历经 8 城，倡导开发荒地。兴修水利，实行屯田。

林则徐在新疆推广的坎儿井，当地人称为"林公井"。对开发边疆、改善人民生活发挥了很大作用。

1850 年 11 月，林则徐又被重新起用为钦差大臣，赴广西执行任务。不想在赴广西途中，他病逝于潮州普宁县，终年 66 岁。

中兴名臣曾国藩

曾国藩出生于清代一个地主家庭，自幼勤奋好学。6 岁入塾读书。8 岁能读八股文、诵五经。14 岁能读《周礼》《史记》文选，同年参加长沙的童子试，成绩列为优等。此后，中进士、入翰林，又历礼部等各部侍郎。

1852 年，曾国藩前往江西，主持乡试。但当他南下时，其母逝世，遂获准还乡，丁忧守制。

1853 年初，太平军从广西迅速向湖南进军，直逼南京。咸丰帝命令吏部左侍郎曾国藩"帮同办理本省团练乡民搜查土匪诸事务"。从这个时候开始，曾国藩弃文就武。

曾国藩从办团练开始，创立湘军。他依靠师徒、亲戚、好友等复杂的人际关系，以湖南同乡为主，仿效已经成军的楚勇，建立了一支地方团练，并整合湖南各地武装，称湘军。湘军分陆军、水师两种，士兵则招募以湘乡一带农民为主，薪俸是一般绿营的 3 倍左右，全军只服从曾国藩一人。

1853 年 8 月，曾国藩获准在衡州练兵，凡是枪炮刀锚的模式，帆樯桨橹的位置，他无不亲自演试，殚思极虑。他还派人赴广东购买西洋火炮，筹建水师。

1854年，曾国藩率师出征，不久在靖港水战中被太平军击败，投水自尽，被部下所救。休整后，重整旗鼓，当年攻占岳州、武昌。咸丰帝大喜过望，令曾国藩署理湖北巡抚。然而，朝廷中有人谗言，说曾国藩在湖南一呼百应，恐非国家之福。咸丰帝收回成命，仅赏曾国藩兵部侍郎头衔。

1864年7月，曾国藩、曾国荃兄弟率湘军破太平天国的天京，即今天的南京。朝廷加曾国藩太子太保、一等侯爵，曾国荃赏太子少保、一等伯爵。同年8月，曾国藩为避免朝廷怀疑，上奏请求裁军，朝廷准裁湘军2.5万人。

1865年5月，曾国藩奉命督办直隶、山东、河南三省军务，镇压捻军。他驻营徐州，先后采取重点设防、凭河筑墙、查办民圩的方略，准备在黄河、淮河之间，运河以西，沙河、贾鲁河以东的区域歼灭捻军。次年冬，清政府改派李鸿章接替，命曾国藩回两江总督本任。

曾国藩编练湘军，镇压了太平天国运动，打击了捻军势力，集中显示了他的军事思想的过人之处。其战略战术，很值得今人借鉴。

对曾国藩来说，有一件事不能回避，这就是他曾经在"天津教案"事件中声誉受损。客观地讲，当时曾国藩也只是秉承清王朝最高统治者的意志行事，接替他处理此事的李鸿章

三人行必有我师

对最后判决比此前并无多大改变。

除了军事功劳和外交上的事务以外，曾国藩在洋务运动中的作用不可忽略。

在军事工业近代化方面，他率先筹设了安庆内军械所，这是我国的第一家近代军事工厂。虽然一开始只是一个手工作坊，但他们造出了我国第一艘轮船"黄鹄号"。

在民族工业近代化方面，曾国藩与学生李鸿章共同创办了江南机器制造局，办起了我国第一家大型使用机器生产的近代工厂，制造出我国的第一艘兵轮和第一台机床，炼制出我国第一磅近代火药和第一炉钢水，造就出我国一大批近代技术工人和一部分工程技术人员。因此，它是我国近代工矿企业的母厂，奠定了我国近代工业的基础。

在海军近代化方面，曾国藩从轮船的制造，到海军的建制，从水兵的招募与训练，到海军经费的筹集和水师章程的制定等，都做了许多的探索，以后海军的发展，基本是按曾国藩制定的蓝图进行的。

例如，江苏巡抚丁日昌当时提出在吴淞、天津和南澳建立三支外海水师的设想，当即就得到曾国藩的赞同和支持。曾国藩对我国海军建设的筹划与支持，促进了我国近代海军的形成和发展，促进了我国海军的近代化。

此外，曾国藩还派幼童到美国留学，揭开了我国向西方派遣留学生的历史。此举推动了我国的对外开放、中西文化交流，促进了我国教育的近代化，以及新式知识分子队伍的形成。

曾国藩的人格修炼堪称无与伦比。

第一是诚，为人表里一致，一切都可以公之于世；第二是敬，敬畏，内心不存邪念，持身端庄严肃有威仪；第三是静，心、气、神、体都要处于安宁放松的状态；第四是谨，不说大话、假话、空话，实实在在，有一是一，有二是二；第五是恒，生活有规律、饮食有节、起居有常。

曾国藩的人格修炼不仅对他的事业有帮助，也使他身边汇聚了各路才俊，如左宗棠、李鸿章等。他的人格还体现在对家人的关怀和教导上。

众所周知的"曾国藩家书"，已经成为当前的热门话题。曾国藩的人格魅力也对后世的影响也非常之大，以至于使他成为深刻影响数代人的精神偶像。

曾国藩还是个文学家。他承桐城派方苞、姚鼐而自立风格，创立晚清古文的"湘乡派"。

他论古文，讲求声调铿锵，以包蕴不尽为能事。他所做古文，深宏骏迈，能运以汉赋气象，有一种雄奇瑰玮的意境，能一振桐城派枯淡之弊，为后世所赞。

曾国藩宗法桐城，但有所变化、发展，又选编了一部《经史百家杂钞》以作为文的典范，世称"湘乡派"。清末及民初严复、林纾，以至谭嗣同、梁启超等均受他文风影响。

曾国藩著有《求阙斋文集》《诗集》《读书录》《日记》《奏议》《家书》《家训》及《经史百家杂钞》《十八家诗钞》等，不下百数十卷，《曾文正公全集》，传于世。另著有《为学之道》《五箴》等著作。

1872 年 3 月 20 日，曾国藩因病在南京逝世。朝廷赠与太傅，谥号"文正"。

躬行君子，吾未之有

子曰："文，莫①吾犹人也。躬行君子，则吾未之有得。"

子曰："若圣与仁，则吾岂敢？抑②为之③不厌，诲人不倦，则可谓云尔已矣。"公西华曰："正唯弟子不能学也。"

子疾病④，子路请祷⑤。子曰："有诸⑥？"子路对曰："有之。《诔》⑦曰：'祷尔于上下神祇⑧。'"子曰："丘之祷久矣。"

【注释】

①莫：约莫、大概、差不多。

②抑：折的语气词，"只不过是"的意思。

③为之：指圣与仁。

④疾病：疾指有病，病指病情严重。

⑤请祷：向鬼神请求和祷告，即祈祷。

⑥有诸：有这样的事吗。

⑦《诔》：祈祷文。

⑧神祇：古代称天神为神，地神为祇。

【解释】

孔子说："就书本知识来说，大约我和别人差不多，做一个身体力行的君子，那我还没有做到。"

孔子说："如果说到圣与仁，那我怎么敢当！不过努力而不感厌烦地做，教诲别人不感觉疲倦，则可以这样说。"公西华说："这正是我们学不到的。"

孔子病情严重，子路向鬼神祈祷。孔子说："有这回事吗？"子路说："有的。《诔》文上说：'为你向天地神灵祈祷。'"孔子说："我祈祷很久了。"

【故事】

兵学鼻祖孙武

孙武原来是齐国人，由于避难到了吴国。为了施展生平所学，他拿着自己所著的兵书，去求见吴王阖闾，让自己领兵打仗。阖闾想要伐楚，正需要孙武这样的人才，再加上有伍子胥的推荐，于是就接见了孙武。

阖闾和孙武进行了深入的交流，觉得孙武是个难得的人才，最后正式任命孙武为大将。在孙武的严格训练下，吴军的军事素质有了明显的提高。

公元前 512 年，吴王阖闾、吴国大夫伍子胥和上任不久的大将孙武，指挥吴军攻克了楚的属国钟吾国、舒国。

这时，阖闾想要攻克楚都郢，孙武认为这样做不妥，便进言道："楚军是一支劲旅，非钟吾国和舒国可比。我军已连灭两国，现在人疲马乏，军资消耗很大，不如收兵，蓄精养锐，再等良机。"

吴王听从了孙武的劝告，下令班师。

伍子胥也完全同意孙武的主张，并向阖闾献策说："人马疲劳，不宜远征。不过，我们也可以设法使楚人疲困。"

于是伍子胥和孙武共同商定了一套扰楚、疲楚的计策，对楚国进行轮番袭击。弄得楚国连年应付吴军，人力物力都被大量耗费，国内十分空虚，属国纷纷叛离。吴国却从轮番进攻中抢掠不少，在与楚国对峙中完全占据上风。

公元前506年，楚国攻打已经归附吴国的蔡国，这便给了吴军伐楚的借口。阖闾和伍子胥、孙武指挥训练有素的3万名精兵，乘坐战船，直趋蔡国与楚国交战。

楚军见吴军来势凶猛，不得不放弃对蔡国的围攻，收缩部队，调集主力，以沔水为界，加紧设防，抗击吴军的进攻。

不料孙武突然改变了沿淮河进军的路线，放弃战船，改从陆路进攻，直插楚国纵深。

伍子胥问道："吴军习水性，善水战，为何改从陆路进军呢？"

孙武告诉他说："用兵作战，最贵神速。应当走别人料想不到的路，以便打它个措手不及。逆水行舟，速度迟缓，楚军必然乘机加强防备，那就很难破敌了。"

就这样，孙武在3万名精兵中选择了强壮敏捷的3500名为前阵，身穿坚甲，手执利器，连连大败楚军，随后攻入楚国的国都郢。

孙武以3万名军队攻击楚国的20万大军，获得全胜，创造了以少胜多的光辉战例。

然而，这时越国乘吴军伐楚之机进攻吴国，秦国又出兵帮助楚国对付吴军，这样，阖闾不得不引兵返吴。此后，吴又继续伐楚，楚为避免亡国被迫迁都。

孙武在帮助阖闾西破强楚的同时，还计划征服越国。只是当时时机未到，正在抓紧准备。

公元前496年，阖闾不听孙武等人的劝告，不等准备工作全部就绪，就仓促出兵想要击败越国。不料，勾践主动迎战，施展巧计，把吴军杀得大败，吴军仓皇败退。

阖闾也被越大夫灵姑浮挥戈斩落了脚趾，身受重伤，在败退途中，死在陉地。后葬苏州虎丘山。

阖闾去世后，由太子夫差继承王位，孙武和伍子胥整顿军备，以辅佐夫差完成报仇雪耻大业。

公元前494年春天，勾践调集军队从水上向吴国进发，夫差率10万名精兵迎战于夫椒。

在孙武、伍子胥的策划下，吴军大败越军。勾践只得向吴屈辱求和，夫差不听伍子胥劝阻，同意了勾践的求和要求。

吴国的争霸活动在南方地区取得胜利后，便向北方中原地区进逼。

公元前485年，夫差联合鲁国，大败齐军。

公元前482年，孙武随同夫差又率领着数万名精兵，由水路北上到达黄池，与晋、鲁等诸侯国君会盟。吴王夫差在这次盟会上，以强大的军事力量为后盾，争得霸主的地位。

孙武精心训练军队和制定军事谋略，对夫差建立霸业做出了巨大贡献。

随着吴国霸业的蒸蒸日上，夫差渐渐自以为是，不再像以前那样励精图治，对孙武、伍子胥这些功臣不再那么重视，反而重用奸臣伯嚭。

与此同时，越王勾践为了消沉吴王斗志、迷惑夫差，达到灭吴目的，一方面自己亲侍吴王，卧薪尝胆；一方面选送美女西施入吴。

西施入吴后，夫差大兴土木，建筑姑苏台，日日饮酒，夜夜笙歌，沉醉于酒色之中。

孙武、伍子胥一致认为，勾践被迫求和，一定还会想办法伺机报复，故必须彻底灭掉越国，绝不能姑息养奸，留下后患。但夫差听了奸臣的挑拨，不理睬孙武、伍子胥的苦谏。

由于伍子胥一再进谏，夫差大怒，制造借口逼其自尽。伍子胥自尽后，夫差又命人将他的尸体装在一只皮袋里，扔到江中，不给安葬。

伍子胥的死，给了孙武一个沉重的打击。他的心完全冷了。他意识到吴国已经不可救药。孙武深知"飞鸟尽，良弓藏；狡兔死，走狗烹"的道理，于是便悄然归隐。

隐居吴都郊外的孙武由此更加看清自己的前途，他在隐居之地，一边灌园耕种，一边写作兵法，终于完成了兵法13篇。

孙武死后，他的后世子孙孙膑把孙武的用兵思想广为传播并发扬光大。

兵家用兵神将吴起

吴起是战国时期卫国人，他为了有所建树，曾经在鲁国拜孔子的徒孙曾申为师，后来又去魏国拜"孔门十哲"之一的子夏为师。

吴起在鲁国时，齐国于公元前412年进攻鲁国，鲁穆公想用吴起为将，但因为吴起的妻子是齐国人，对他有所怀疑。吴起由于渴望当将领成就功名，杀了自己的妻子，表示不倾向齐国，史称"杀妻求将"。

鲁穆公终于任命他为将军。

吴起治军严于己而宽于人，与士卒同甘共苦，因而军士皆能效死从命。

吴起在奉命率军与齐国作战时，他率领军队到达前线后，没有立即同齐军开仗，表示愿与齐军谈判，先向对方示弱，以老弱之卒驻守中军，给对方造成一种弱势和胆怯的假象，用以麻痹齐军将士。

齐军见状，就放松了警惕。没想到，吴起出其不意，以精壮之军突然向齐军发起猛攻。齐军仓促应战，一触即溃，伤亡过半。鲁军大获全胜。

吴起战场胜利，获得了鲁穆公的高度重视，认为吴起的才干非常高。

吴起得势引起鲁国群臣的非议，一时流言四起。

有些人在鲁穆公面前中伤吴起说："吴起是个残暴无情的人。他小时候，家资尚可，但他想当官，从事游说活动没有成功，以致家庭破产。

"乡邻都耻笑他，吴起就杀了30多个诽谤他的人，逃出卫国而东去。现在，鲁君对他有怀疑，他就杀了自己的妻子以争取做将军。

"鲁国是个小国，一旦有了战胜的名声，就会引起各国都来图谋鲁国了。而且鲁国和卫国是兄弟国家，鲁君用吴起，就是抛弃了卫国。"

鲁穆公听信了谗言，就对吴起产生了疑虑，最后辞退了吴起。

吴起离开鲁国后，听说魏文侯很贤明，想去凭本事游说他。

文侯问大臣李悝说："吴起为人如何？"

李悝说："吴起贪图荣名，但他用兵，连司马穰苴也不能超过他。"

魏文侯任命吴起为将军。吴起率军攻打秦国，只一战，就

连续攻克秦国五座城邑。

魏文侯因吴起善于用兵，廉洁而公平，能得到士卒的拥护，就任命他为西河一带的守将，抗拒秦国和韩国。

公元前409年，吴起攻取秦河西地区的两座城池并加以维修。次年，攻取秦的西河属地多处，置西河郡，任西河郡守。

这一时期，吴起曾与诸侯大战76次，全胜64次，开拓领地上千里。特别是阴晋之战，使魏国成为战国初期的强大的诸侯国。

吴起镇守西河期间，强调兵不在多而在于"治"。他首创考选士卒之法：凡能身着全副甲胄，执12石之弩，背负矢50个，荷戈带剑，携3天口粮，在半日内跑完百里者，即可入选为"武卒"，免除其全家的徭赋和田宅租税。

选定"武卒"后，吴起又对他们进行严格训练，使之成为魏国的精兵之师。在训练中，他主张严刑明赏、教戒为先，认为若法令不明，赏罚不信，虽有百万之军也无益。

吴起做将军时，和最下层的士卒同衣同食。睡觉时不铺席子，行军时不骑马坐车，亲自背干粮，和士卒共担劳苦。

士卒中有个人生疮，吴起就用嘴为他吸脓。这个士卒的母亲知道这事后大哭起来。

别人说："你儿子是个士卒，而将军亲自为他吸取疮上的脓，你为什么还要哭呢？"

母亲说："往年吴公为他父亲吸过疮上的脓，他父亲作战时就一往无前地拼命，所以就战死了。现在吴公又为我儿子吸疮上的脓，我不知他又将死到那里了，所以我哭。"

魏文侯死后，吴起继续效力于他儿子魏武侯。武侯曾与吴起一起乘船顺西河而下，船到中流，武侯说："这么壮美的山河又能如此险要，这是魏国的宝贝啊！"

吴起对他说："国家最宝贵的是君主的德行，而不在于地形的险要。治理国家在于君主的德行，而不在于地形的险要。如果君主不讲德行，就是一艘船中的人也都会成为敌国的人。"

吴起又说了夏桀、商汤虽固守险地，因不施仁政最后被灭的例子，武侯听后很是赞同。

吴起任西河的守将威信很高，自然引起一些人的嫉妒。以前对吴起畏忌的公叔任相后，便想害吴起。

公叔有个仆人很有鬼点子，他知道公叔想除掉吴起，就说："吴起很容易除掉。"

公叔说："怎么办？"

仆人说："吴起为人有节操，廉洁而重视声誉，你可以先向武侯说：'吴起是个贤明的人，我们魏国属于侯一级的小国，又和强秦接壤，据我看，恐怕吴起不想长期留在魏国。'武侯必然要问：'那怎么办呢？'你就乘机向武侯说：'君侯可以把一位公主许配给吴起，他如果愿意留在魏国就必定欣然接受，如果不愿意留在魏国就必然辞谢。以此就可以探测他的想法了。'

"然后你再亲自把吴起邀到你的府上，使公主故意发怒而轻慢你。吴起看见公主那样轻贱你，他想到自己也会被轻贱，就会辞而不受。"

公叔照计行事，吴起果然看见公主轻慢魏相就辞谢了武侯。武侯因而对吴起有所怀疑了。吴起害怕武侯降罪，于是离开魏国到楚国去了。

楚悼王平素听说吴起很能干，吴起一到楚国就被任为相。吴起严明法令，撤去不急需的官吏，王室家族非直系者也一律停用。节省下来的预算分配给士兵，增加士兵人数。

楚国的军队加强了，吴起就率军四面出击，南面平定了百越；北面兼并了陈国和蔡国，并击退了韩、赵、魏的扩张；向西征伐了秦国。扩大了领地，增强了国力。

楚悼王非常地高兴，把一切政事都交给吴起处理。

吴起实行的改革，打破了皇孙、贵族及一些官吏养尊处优、骄横跋扈的局面，因此他们对吴起恨之入骨。楚悼王却在这时一病不起，很快去世。

公元前381年，那些仇视吴起的人趁机叛乱，杀进宫来。吴起见难以逃命，就趴在楚悼王尸体上不起来。叛军一阵急箭，将吴起活活射死，但也有不少箭射到了楚王身上。

楚悼王的儿子戚即位，这就是楚肃王。他认为射杀父王的尸体是大逆不道的，于是就追究作乱之人的责任，杀了叛乱之人为吴起报了仇。后人都称赞吴起的智慧，认为他死后还能为自己报仇。

吴起在指导战争方面积累了丰富的经验，他把这些经验深化为军事理论。《汉书·艺文志》著录《吴起》48篇，已佚，今本《吴子》6篇包括《图国》《料敌》《治兵》《论将》《变化》《励士》，是后人所托。

《吴子》的主要谋略思想是"内修文德，外治武备"。这些军事思想和战争谋略，对后世产生了深远的影响。